개구리가 참선을 한다

개구리가 참선을 한다

초판 1쇄 | 2006년 11월 7일

지은이 | 황명찬
펴낸이 | 이의성
펴낸곳 | 지혜의나무

등록번호 | 제1-2492호
주소 | 서울시 종로구 관훈동 198-16 남도빌딩 3층
전화 | 02·730·2211
팩스 | 02·730·2210

ISBN 89-89182-49-2 03320
ⓒ황명찬

잘못 만들어진 책은 구입처나 본사에서 교환해드립니다.

개구리가 참선을 한다

황명찬 지음

지혜의나무

황벽선사에게 누가 찾아와서 물었다.
"당신의 선(禪)은 어떤 것입니까?"
"나는 배가 고프면 밥 먹고
피곤하면 잠잔다."고 대답했다.
"그것은 우리도 합니다. 무엇이 그리 대단한가요?"
"그대들은 먹을 때 이곳 저곳 헤매는
수만 가지 생각을 하고, 잠잘 때는
무서운 꿈이나 행운을 잡는 꿈을 꾼다.
그러나 나는 밥 먹을 때는 그냥 먹을 뿐이고
잠잘 때도 그냥 잘 뿐이다.
그것이 나의 참선이다."라고 대답했다.
우리의 몸과 마음이 지금 여기
삶의 현장에, 우리가 살아 숨쉬는 이 순간에 있을 때
비로소 우리의 삶의 체험은
진솔하며 완전한 경험이 된다.
그리고 그것이 "항상 깨어 있음"이다.

머리말

내가 서울근교 양평의 시골로 이사 온 지도 어느덧 5년이 다 되어 간다. 어쩌다 볼일이 있어 서울에 가면 나는 '서울에 온 시골사람'처럼 복잡한 자동차 행렬 그리고 숨쉬기조차 힘든 오염된 공기에 정말 놀라곤 한다. 이곳이 이사 오기 전까지 내가 정말 살던 곳이었던가 싶게 모든 것이 생소하고 새삼스럽다. 그러면서 나는 다시 한 번 시골로 이사 오길 잘했다고 느낀다.

그 '할 일 없는 시골'에서 심심해서 어떻게 사느냐고 친구들이 의아해 하지만 우리 부부는 후회 없이 즐기면서 시골생활을 하고 있다. 문밖이 바로 자연이니 말하자면 우리는 자연을 '통째로' 즐기는 셈이다. 봄에는 꽃 피고 새 울고 여름에는 안개 자욱이 장맛비가 내리고 가을에는 온통 단풍으로 한 폭의 동양화 그림이다. 모든 것이 잠자는 겨울에는 산에도 들에도 하얀 눈이 덮인다.

이 글은 내가 시골에서 살면서 그때 그때 느끼고 생각한 것들을 정리하여 쓴 것이다. 나는 30대 말부터 마음의 괴로움을 없애고 즐겁게 사는 길이 '마음 다스리는 데' 있다고 믿고 마음공부인 불교의 가르침에 의지하며 살아왔다. 이 글은 그렇게 살면서 내가 생활 속에서 터득하고 이해한 불교의 가르침 중에서 우리 아이들과 가까운 제자들에게 들려주고 싶었던 것들이다. 스님들처럼 전문수행인도 아니고 그저 숨 가쁘게 한 시대를 살아온 생활인의 글이니만큼 그저 가볍게 보아주었으면 하는 마음이다.

그동안 나는 많은 '선지식'을 만났다. 자식사랑밖에 모르셨던 어머님과 '법 없이도 사는 사람'이셨던 아버님이 나의 큰 선지식이었고, 천사 같은 내 아내와 즐거움과 괴로움을 함께 주는 내 아이들이 나의 선지식이다. 나에게 법화경을 주신 태극권 선생님과 애써 땀 흘려 지은 상추며 풋고추를 아낌없이 나누어주는 이웃과, 틈만 나면 시비를 걸어오는 사람들이 또한 나의 선지식이다. 단골식당주인, 우리집에 가끔 오시는 도우미 아주머니들, 가끔 모여 식사를 같이 하는 친구들이 모두 나의 선지식이다. 가끔 찾아뵈면 친히 차 끓여주시고 좋은 말씀 해주신 스님들, 몇 번 설교를 들었던 목사님과 신부님들, 직장에서 함께 일했던 모든 분들이 다 나의 선지식이었다. 그동안 내가 읽었던 경전, 논소, 선사들의 어록들이 모두 나의 선지식이며 산책길에서 만난 개구리, 매일 아침 우리집에 와서 법문을 지저귀는 이름 모를 예쁜 새들과 항상 우리집을 지켜주는 진돗개 '바우'가 나의 선지식이다. 용문산 계곡의 물과 하늘 높이 떠가는 뭉게구름, 봄 여름 가을에 예쁘게 피었다 지는 갖가지 들꽃들이 나의 선지식이며 모든 것이 꽁꽁 얼어붙는 겨울에도 '독야청청한' 저 소나무들이 나의 선지식이다.

무어니 하여도 나에게 가장 큰 선지식은 부처님과 부처님의 가르침이다. 차례로 만난 53인의 선지식으로부터 가르침을 받은 화엄경의 선재동자처럼 나는 그동안 만난 그 많은 나의 선지식들로부터 가르침을 받고 부처님의 가르침에 조금씩 눈뜨게 되었다. 감사하고 또 감사할 따름이다. 만일 내가 잘못 알고 있는 것이 있다면 그것은 아둔한 내 탓이지 바르게 가르쳐 주신 선지식들의 책임이 아니다.

나의 이 글은 사월초파일 부처님 오신 날에 즈음하여 완성되었다. 초파일이 되니 지금까지와는 달리 나는 부처님이 세상에 출현하신 뜻이 무엇일까 하는 의문이 하나의 화두가 되어 다가왔다. 21세기 초 우리가 지금 살고 있는 모습을 보면 거의 누구나 다 권력과 부와 물질적 향락을 추구하며 치열하게 싸우며 살고 있다. 그러나 2550년 전 부처님은 장차 모든 권력과 부귀영화가 확실히 보장된 한 나라의 왕자의 지위를 버리고 출가하여 고행 끝에 깨치고 붓다가 되셨다. 부처님이 정말 바보였단 말인가 아니면 우리가 바보인가?

요즘 우리나라의 세태를 한마디로 요약하면 '인간성의 실종'이다. 점차 극악무도해지는 범죄는 말할 것도 없고 국민을 이끈다는 정치지도자들의 저질스러운 언어폭력에다 그들이 정말로 국민의 행복과 안위를 생각하고 있는지조차 의심스럽다. 그것을 보고 자라날 아이들을 생각하면 나라의 장래가 심히 걱정된다. 지금이야말로 그 어느 때보다 '마음 다스리는' 공부가 필요한 때이다. 특히 나라를 이끄는 지도자나 크고 작은 조직체의 리더들에게 있어서 무엇보다 필요한 것이 마음 다스리고 마음 닦는 공부이다. 그들이 한결같이 '보살'이 될 때 이 사회가 분열에서 통합으로 고통에서 행복으로 나아갈 수 있다고 나는 믿는다.

이 글이 그러한 우리의 관심과 노력에 조금이라도 도움이 되었으면 하는 것이 나의 바람이다.

이 책이 나오기까지 많은 분들의 도움을 받았다. 취직시험준비로

바쁜 제자 박재군 군과 아이 키우며 정신없이 바쁜 나의 막내딸 제인이 특히 손으로 쓴 알아보기 어려운 원고를 '워드'로 정리하는 일을 도맡아하였다. 감사하다는 말만으로 어찌 나의 감사한 마음을 다 보일 수 있겠는가. 우리 이웃에 있는 전용성 사장은 광고회사를 운영하며 밤새는 일을 '밥 먹듯' 하는데도 정말로 예쁜 그림을 삽화와 표지의 그림으로 그려주어서 훨씬 예쁜 책이 되었다. 다시 한 번 감사한다. 무어니 해도 이 책이 햇빛을 보게 된 것은 출판사 지혜의 나무 이의성 사장님 덕분이다. 요즘 불황으로 여러 가지 어려운 사정에도 불구하고 '잘 팔릴지'도 모를 이 책을 출판하기로 하신 이 사장께 각별한 감사의 말을 드리고 싶고, 지혜의 나무 편집진의 수고에 대하여도 아울러 감사한다.

2006년 10월 이른 아침
저자 황 명 찬 합장

차례

머리말 • 7

전깃불의 화두

01 다도(茶道) • 19

02 한마음 • 26

03 적멸보궁 • 29

04 마음의 참성품 • 33

05 물의 일생 • 39

06 전깃불의 화두 • 42

07 한 손으로 치는 손뼉소리 • 47

08 마음과 한마음 • 51

09 국수의 맛은 무엇인가 • 63

개구리가 참선을 한다

10 이웃 할아버지의 가르침 • 71

11 아수라장과 불심 • 75

12 개 짖는 소리 • 81

13 무위(無爲)도 넘어서 • 87

14 그 마음을 항복받으려면 • 91

15 수행방법 • 98

16 길은 여러 개 • 104

17 개구리가 참선을 한다 • 106

18 흐르는 생각을 지켜보다 • 110

네 가지 진리와 사물의 참모습

19 나는 무엇인가 • 117

20 공(空)과 중도(中道) • 122

21 마음 • 129

22 마음의 두 가지 창(窓) • 136

23 중관과 유식사상 • 46

24 두 가지 진리(二諦) • 151

25 네 가지 진리와 사물의 참모습(中道實相) • 160

26 담담한 죽음 • 170

27 죽음과 해탈 • 175

빠르고 손쉬운 길

28 의지할 경전 : 법화경 • 185

29 혼자 힘만으로는 어렵다 • 194

30 중생에서 부처까지 • 198

31 나무와 그림자 • 208

32 편안한 수행 • 214

33 모든 현상의 참모습(諸法實相)을 알아야 • 221

34 법화경을 독송하면 • 231

35 생활인에게 빠르고 손쉬운 길 • 244

36 눈과 귀가 깨끗해지면 • 249

전깃불의 화두

01
다도(茶道)

우리의 일생은 숨쉬는 순간 순간의 연속이다.
우리가 사는 것은 순간 순간을 사는 것이며
그 순간들이 모여 우리의 일생이 된다.
우리 삶은 "지금 여기(here and now)"에서
전개되는 것이다.

그렇게 보면 우리에게 있어서
삶의 매순간이 다 중요함에도 불구하고
우리는 어떤 순간은 다른 순간보다
덜 중요하게 생각한다.
사무실에서 일하는 순간은 중요하고
집에서 아이들과 이야기하며 노는 것은 귀찮게 여긴다.

그뿐이 아니다.

몸은 지금 친구와 차를 마시면서
마음은 어제 만났던 연인에게 가 있고
집에서 가족과 아침을 먹으면서
마음은 이미 사무실에 나가 있기도 한다.

황벽선사에게 누가 찾아와서 물었다.
"당신의 선(禪)은 어떤 것입니까?"
"나는 배가 고프면 밥 먹고
피곤하면 잠잔다."고 대답했다.
"그것은 우리도 합니다. 무엇이 그리 대단한가요?"
"그대들은 먹을 때 이곳 저곳 헤매는
수만 가지 생각을 하고 잠잘 때는
무서운 꿈이나 행운을 잡는 꿈을 꾼다.
그러나 나는 밥 먹을 때는 그냥 먹을 뿐이고
잠잘 때도 그냥 잘 뿐이다.
그것이 나의 참선이다."라고 대답했다.

우리의 몸과 마음이 지금 여기
삶의 현장에, 우리가 살아 숨쉬는 이 순간에 있을 때
비로소 우리의 삶의 체험은
진솔하며 완전한 경험이 된다.
그리고 그것이 "항상 깨어 있음"이다.

화창한 봄날 아침,
온 가족이 식탁에 둘러앉아
아침식사를 할 때
내 마음이 어제 있었던
기분 나쁜 일에 매어 있으면
옆에 있는 아이들도 맛있는 반찬들도
내 눈과 의식 속에 들어오지 않는다.
그것은 이 순간을 진솔하게 온전히 사는 것이 아니다.

어른들의 마음은 지금 이곳에 머물 때가 드물다.
지난 일을 되씹는가 하면 앞으로 닥칠 일들로 항상 분주하다.
그러나 어린 아이들의 마음은 거의 대부분
지금 이 순간에 머문다.
그들은 지난 일에 연연하지 않고 앞일을 걱정하지도 않는다.

마음이 과거로 미래로 방황하는 것은
주인이 자기 집을 비워둔 채
여기저기 헤매는 것과 같다.
집을 오래 비워두면 도둑맞듯이
마음이 우리 몸을 비워두면
병이 도둑같이 들어온다.

내가 친구와 차를 마시는 것은

내가 바로 이 순간을 사는 것이고
내가 이 순간을 사는 것은 친구와 차를 마시는 것이다.
내 마음이 차 마시는 지금 이 순간에 전일히 머문다면
비로소 나는 지금 이 순간을 진솔하게 온전히 사는 것이다.

내 마음이 차를 마시는 이 순간에
전일하게 머문다면
그 때 비로소 나는 친구의 다정한 얼굴이며
아름다운 찻잔이며
노란색의 차색깔이며
그 모든 것들이 살아서 내 의식 속에 그대로 경험된다.
그것을 일러 다름 아닌 다도(茶道)라 한다.
그리하여 고려의 보조국사는
"불법은 일상생활을 하는 거기에 있으며,
가고 머물고 앉고 눕고 하는 거기에 있으며,
차를 마시고 밥을 먹는 거기에 있으며,
대화를 나누는 거기에 있다."(김상현. 한국의 다시)

차 한 잔 마시는 것을 옛부터 도(道)라 부른 것은
이러한 깊은 뜻이 그 속에 들어 있기 때문이다.
찻물을 어떻게 끓이고 찻잔을 어떻게 다루고
차는 어떻게 마시는가와 같은 형식도 중요하지만
차 마시는 것이 도(道)가 되려면

형식보다는 그 속뜻을 더 높이 사야 한다.

이와 같이 우리 마음이 삶의 현장인
지금 이곳에 전일히 깨어 있으면
그것이 참선수행이요 바로 불도를 닦는 길이다.
그러므로 초의 선사는 차 한 잔으로
"몸은 맑고 마음 또한 성성(惺惺)하네." 하고 노래했다.

어느 날 중국의 그 유명한 조주선사에게 두 스님이 찾아왔다.
조주가 "그 전에 여기에 왔던 일이 있는가?"
하고 한 스님에게 물었다.
"왔었습니다."
"그러면 차나 한 잔 하고 가게나." 하고 조주가 말했다.
그리고 조주는 다른 스님에게도 똑같은 질문을 했다.
"그전에 여기에 왔던 일이 있는가?"
"예, 왔던 적이 없습니다."
"그러면 차나 한 잔 하고 가게나." 하고 조주가 말했다.
그러자 옆에 있던 원주(院主)가 물었다.
"어찌하여 왔던 이도 차 한 잔 하고 가라고 하고
온 적이 없는 이도 차 한 잔 하고 가라고 하십니까?"
그에 대하여, 조주는
"원주도 차나 한 잔 하고 가게나." 하고 말했다.

불도가 무엇인가에 관한 백 마디 말보다
차 한 잔 하는 것이 바로 불도에 드는 것이다.
물맛이 좋으니 어쩌니 하는 소리를 듣는 것보다
직접 물 한 잔 마시는 것이 물맛을 아는 지름길이다.

요즘같이 정신없이 바쁜 시대에
모든 순간을 어떤 한 순간을 위하여
희생하며 사는 우리에게
다도는 그래서 좋은 약이 된다.
서산대사는
"낮이 되면 한 잔의 차요
밤들면 한바탕 잠일세.
푸른 산과 흰 구름
함께 무사(無事)를 이야기 하네."
하고 노래하였고,
다산(茶山)은
"벽돌로 만든 작은 차부엌은
이화손풍(離火巽風)의 형상이다.
차는 끓는데 산동(山童)은 졸고
나부끼는 연기 모여 스스로 푸르다."
고 선심(禪心)을 노래하였다.
번뇌 망상을 쉬고 우리의 마음이
지금 이 순간에 머물지 않으면

푸른 산과 흰 구름이 눈에 들어올 리 없고
차 끓는 옆에 앉아 꾸벅꾸벅 졸고 있는
산동이 보일 리 없으며
연기가 모락모락 피어올라 스스로 푸른 것을
어찌 볼 수 있겠는가.

오랫동안 조선일보에 아름다운 영시(英詩)들을
소개하셨던 장영희 교수가 암으로 투병생활을 하면서
너무도 절실하게 느낀 것을 다음과 같이 고백하고 있다.
(조선일보 2005년 12월 17일자)
"....올해도 재입원, 사경(死境)을 헤매기도 했다.
고열과 통증을 견디며 문득 만약 이게 마지막이라면....
하는 생각이 들었다. 혹시 떠나게 될지도 모른다는
생각에 새삼 세상은 찬란하게 변했다.
병원 창문으로 보이는 조각하늘이 눈부시고
지인이 갖다 준 화분에 핀 꽃 하나가 너무 애틋하고...
삶 자체가 축복이고 사랑이 최고이고
하루하루의 일상이 소중하다는 '이론'이
갑자기 '실제'가 되어
이제껏 제대로 살지 못했다는 회한이 가슴을 쳤다."
병이 다 나아서 그렇게 절실하게 느낀 대로
앞으로 살면서 계속 아름다운 시(詩)들을
우리에게 소개해주길 간절히 바란다.

02
한마음

준호네 개가 강아지를 낳았다.
예쁘고 귀여운 강아지들이다.
준호아빠가 부르면 귀여운 강아지들이
예쁘게 뛰어와서 귀염을 부린다.
먹을 것을 주면 받아먹고 장난도 치고
온갖 재롱을 다 떤다.

하루는 두 노인 부부가 그 강아지 한 마리를
아들 친구 집에 보내기로 하였다.
그 날 이른 아침 여느 때처럼 강아지를 불렀다.
그런데 그 날은 강아지들이 몰려오질 않았다.
아무리 불러도 꿈쩍 않고 어미 개는 속이 타는지
물을 한 동이나 먹어치우더란다.

이 강아지들이 그 날은 엄마 개와 헤어지는 것을
미리 알았나 보다.
어미 개도 새끼 한 마리를 다른 집으로 보낸다는 것을
미리 알고는 속이 몹시 탔던 것이다.
강아지를 다른 집에 보내려 하는 것을
말 못하는 개들이 어떻게 미리 알았을까.
신기할 따름이다.

송사장 네는 키우던 개가 병이 났다.
도저히 소생할 가망이 없어
부인이 차라리 안락사를 시켜주는 게
좋겠다고 생각했다.

그래서 안락사를 시킬 약을 사러 동네로 내려갔다 오니
걷기는커녕 잘 기지도 못하던 개가
흔적도 없이 사라졌다.
불과 몇 분도 안 되었으니 근처에 있을 법한데
아무리 사방을 찾아보아도 종적을 찾을 수 없었다.

송사장네 개는 주인이 자기를 안락사 시킬 것을
미리 알고 집을 나간 것이다.
주인의 살생하는 짐을 덜어주려는 생각에서인지
아름답지 못한 죽는 모습을

주인에게 보이기 싫어서인지 모르지만 말이다.

말 못하는 개들이지만 우리의 마음과 생각을
그대로 알아버린다.
내가 때려주겠다고 마음먹고 부르면
절대로 오질 않는다.

우리의 마음은 한마음에 다 이어져 있다.
마치 집 안의 공기와 집 밖의 공기가 다 한 공기이듯이
파도와 바닷물이 다 하나이듯이 말이다.
집을 지어 칸칸이 방을 만들어 놓아도
방의 공간과 집 밖의 공간은
결국 한 공간으로 같은 것처럼 말이다.
그러므로 개의 마음과 우리 사람의 마음도 한마음이고
우리 사람 모두의 마음도 한마음이다.
그러니 내가 한 생각 내면 개도 곧 알아차리고
다른 사람도 그것을 알아차리게 된다.
그래서 비밀이 없다.
내가 알면 하늘과 땅이 알고
모든 사람들이 다 안다고 하는 것이다.

03
적멸보궁

내 고향 고성에는 건봉사라는 절이 있다. 옛날에는 꽤나 큰 사찰이었으나 6·25사변 중 다 파괴되고 지금은 대웅전을 비롯한 전각 몇 개로 겨우 사찰의 체면을 유지하고 있다.

아주 어렸을 때 어머님 손을 잡고 한두 번 건봉사에 갔던 기억이 어렴풋하다. 그리고 6·25전란 중 비행기 폭격을 피하여 깊은 산골 마을로 갈 때 잠깐 건봉사를 지나갔다. 그때만 해도 불교에 대하여 별 관심이 없었으니 그냥 지나치고 말았다.

전쟁이 끝나고 간성이 수복된 후 건봉사는 간성읍내에 조그마한 절을 짓고 그 명맥을 이어갔다. 그 후 그 지역 주둔군과의 끈질긴 교섭 끝에 다시 옛터에 새로이 절을 지어 옛 모습의 일부나마 되찾게 되었다.

나는 매년 한두 번 고향에 간다. 기회만 되면 그때마다 건봉사를 찾곤 하는데, 몇 년 전에는 마침 청화 큰스님께서 설법하는 날이어서 좋은 법문을 들을 수 있었다. 그리고 더욱 뜻 깊은 것은 건봉사에 모시고 있는 부처님 진신사리를 친견할 수 있었고 적멸보궁(寂滅寶宮)을 볼 수 있었던 일이다.

건봉사도 다른 유명사찰처럼 부처님 진신사리를 모시고 있는데, 한 번은 도둑이 들어 그 사리를 훔쳐 갔었다. 매우 난감해 하던 건봉사 측에 도둑들이 그 사리를 다시 보내왔다고 한다. 흠뻑 두들겨 맞는 꿈을 꾸고는 더럭 겁이 난 도둑들이 다시 돌려주었다는 것이다.

부처님 사리는 적멸보궁에 모시는데, 그 날은 도난의 위험 때문인지 스님들이 가까이 지켜볼 수 있는 곳에 모시고 있었다.

다른 절들처럼 건봉사의 적멸보궁도 절의 뒤 제일 위쪽에 위치하고 있다. 그렇게 절의 뒤 제일 위쪽에 배치한 데는 여러 가지 깊은 뜻이 있는 것 같다. 절의 입구로부터 멀리 떨어질수록 세속과 멀어진다. 더구나 스님들의 수행처를 지나야 비로소 적멸보궁에 이를 수 있다. 그것은 수행을 거쳐야 적멸, 즉 니르바나에 이를 수 있음을 뜻한다.

나의 지인 한 분은 몇 년 전 오대산 상원사 위쪽에 자리한 오대산 적멸보궁을 다녀오고는 매우 자랑스러워하였다. 우선 오르기 매우 힘든 곳을 연만한 몸으로 다녀왔으니 자랑스러울 법도 하다. 더구나 부처님 사리를 모신 곳에 가서 절하면서 소원을 빌었으니 매우 흡족했으리라.

그러나 한편 생각해보면 적멸보궁이 절에만 있는 것은 아니다. 우리 모두가 적멸의 보배궁전을 가지고 있다.

순간 순간 우리 마음을 엄습하는 탐욕, 분노, 시기, 번뇌의 파랑이 멸진되면 그곳이 바로 상적광토(常寂光土)요 적멸보궁이다. 한 생각 크게 쉬면 내가 곧 적멸보궁이요 삼라만상이 다 보배궁전이다. 그러니 따로 적멸보궁을 찾아다닐 필요가 있겠는가.

어느 날 마조(馬祖)가
그를 찾아온 대주혜해(大珠慧海)에게 물었다.
"어디서 왔는가?"
"월주 대운사에서 왔습니다."
"무엇을 구하러 왔는가?"
"불법을 구하러 왔습니다."
"자기의 보배 창고는 그대로 놔두고
사방으로 다니면서 무엇을 하는가?
나에게는 한 물건도 없는데 무슨 법을 구하겠는가?"
그러자 혜해가 절을 하고 물었다.
"어떤 것이 혜해 자신의 보배 창고입니까?"
마조가 대답했다.
"지금 나에게 묻는 것이 그대의 보배 창고이다.
온갖 것이 구족하여
모자람이 없고 자유로이 사용할 수 있다.
어찌 밖에서 구하려 하는가?"
그 말끝에 대주혜해가 적멸보궁을 보게 되었으리라.

여기 짧은 시구를 붙여 이 글을 끝맺는다.

한 생각 광풍 일면 삼라만상이고

한 생각 쉬면 상적광토(常寂光土)라네.

문득 오묘한 새소리 새벽잠을 깨우니

소리 내는 놈이나 듣는 놈 모두 보배로다.

때 되어 꽃 피고 새 우니

봄 향기 그윽하구나.

04
마음의 참성품

배운 것도 많고 외모도 잘 생기고 돈도 많은 분이
한 순간 화가 나서 미친 듯 날뛴다.
어떤 이는 평상시 다정다감하다가도
이해관계로 뒤틀리면 한 순간 돌변하여
전혀 다른 사람이 된다.
늘 남을 괴롭히고 남을 속이며
뒤에서 음모나 꾸미는 비열한 사람이
한 순간 마음 고쳐먹고 천사 같은 사람이 된다.
사람이 바뀌려면
마음이 바뀌어야 다른 사람이 된다.
나쁜 사람이 좋은 사람 되는 것도
마음이 바뀌어야 되고
잔인한 인간도 마음이 바뀌면
자비로운 사람이 된다.

욕심 많고 인색한 이도
마음이 한번 바뀌면 남을 잘 돕는 사람이 된다.
게으르고 우매한 인간도 마음이 바뀌면
부지런하고 현명한 사람이 된다.
중생의 마음이 바뀌면 부처가 되므로
마음이 곧 부처라 한다.
그러므로 마음의 참성품을 깨쳐 부처가 되려면
마음공부를 해야 한다.

우리가 몸이 아프면 병원을 찾는다.
좋은 의사를 만나면
우리 몸의 병을 치유할 수 있다.
그러나 마음이 괴로울 땐
의사가 큰 도움이 안 된다.
우리 성인들의 괴로움 가운데 대부분은
육체적 괴로움이 아닌 마음의 괴로움이다.
요즘 같이 각박하고 살아가는 일이
점점 치열해져 가고 있는 시대에는
특히 마음의 괴로움이 더욱 큰 비중을 차지한다.
시집 간 며느리는 시어머니 때문에 마음이 괴롭고
직장에서 일하는 사람들은
동료나 상사들과의 인간관계 때문에 여간 괴롭지 않다.
잘 살던 부부가 마음이 맞지 않아

이혼하는 괴로움은 또 얼마나 큰 괴로움이겠는가.
미워하는 마음, 시기하는 마음, 질투하는 마음,
욕망에 불타는 마음으로 우리 마음은 한 시도 쉴 수 없다.
마음속에 끊임없이 떠오르는 괴로운 생각들과
갈등을 일으키는 괴로운 감정들로
우리 마음은 늘 분주하다.
그 때문에 마음이 항상 편치 않고 잠을 설칠 때가 많다.

이 모두가 마음의 문제이다.
불교에서 마음 닦는 일을 중히 여기는 까닭이 여기에 있다.
우리가 괴로움에서 해방되고
행복하고 평화로운 삶을 살려면
어떻게든 그러한 마음을 잘 다스리지 않으면 안 된다.
마음을 닦고 잘 다스려서
마음에 일대 변혁을 가져와야 하는데
그러려면 마음의 본성품(the true nature of mind)을
바르게 알아야 한다.
마음의 참성품을 바르게 알면
모든 현상과 사물의 본질도 바르게 알게 된다.
마음이 바뀌어야 사람이 바뀌듯이
모든 현상과 사물에 대한 우리의 인식이라는 것도
곧 우리 마음에 달려 있기 때문에
마음이 모든 문제를 푸는 열쇠가 된다.

우리의 마음과 사물의 참성품을
바로 아는 길은 두 가지인데
하나는 부처님 말씀인 경전을 읽으면서 깨치는 것이고
다른 하나는 참선을 통하여
우리의 마음을 직접 깨치는 것이다.
경전의 가르침에 의하면
우리 인간은 우리가 접하는 모든 현상이
사실은 실(實)이 아니고 가(假)인데도
그것이 실인 양 착각하고
그것들에 강한 집착을 한다는 것이다.
그리고 그러한 착각에 근거한 집착이
인간 고통의 근원이라고 한다.
그러므로 나를 포함한 모든 현상과 사물을
고정불변의 실체가 있는 것이 아니고
모두 서로 의존하여 생겼다 소멸하는
연기 관계에 있는 것으로서
공(空)한 것이라고 바르게 알아야 한다는 것이다.
사물의 연기 관계와 상대적 관계는
실이 아닌 것(the unreal)의 징표이다.

그렇게 사물의 본질과 우리 마음의 참성품을
바르게 알아서 집착을 끊으면 우리의 고통도 사라지게 된다.
그런데 우리는 유(有)를 부정하면

곧바로 그것의 반대인 무(無)가 진리라고 믿고
그에 강한 집착을 보인다.
이것이 바로 우리 인간의 습관적 사고의 한계이다.
그러므로 무라는 것에 대하여도
집착하지 않도록 경계해야 한다.
모든 것이 공하다는 것은 모든 현상이 서로 의존해 있고
고정 불변하는 실체(essence)가 없다는 것이지
그렇게 연기하여 존재하는 현상 자체를
없는 것으로 부정하는 것이 아니다.
그러한 현상 자체를 부정하는 것은
곧 허무주의이다.
불교가 허무주의로 부당한 오해를 받는 것도
바로 이러한 것을 잘못 아는 데 기인한다.

우리 마음을 포함한 모든 현상의 참성품이 곧 한마음이다.
그것은 여래장, 진여 등 여러 가지 명칭으로 불리지만
우리의 생각으로는 알 수 없고 미칠 수 없는 것이다.
모든 현상의 뿌리인 참마음은
우리가 일상생활에서 사용하는 '있다(有)', '없다(無)'
그리고 그 두 가지를 조합한 어떤 서술방식으로도
설명할 수 없고 표현할 수 없는 것이다.
그래서 구름이 현상이라면
구름이 없는 허공이 한마음이고

현상이 파도라면 깊은 바닷물이 한마음이라고
비유를 들어 설명하는 것이다.
이러한 한마음은 부처님의 말씀인 경전을 읽거나
조사들의 가르침을 접하다 어느 순간 번쩍 깨치던가
자기 마음을 관하는 참선을 통하여
직접 깨치는 수밖에 다른 길이 없다.
마음과 모든 사물의 참성품을 바르게 아는 것이
곧 지혜이며 이 지혜에서 진정한 자비가 생긴다.
한마음이 곧 열반이고 열반이 곧 현실이다.
한마음을 알아야 사람의 마음에 일대 전환이 일어나고
새로운 인간으로 다시 태어나게 된다.

05
물의 일생

지난 여름은 유난히도 비가 많이 내렸다.
여름비가 며칠동안 퍼붓고 나니
용문산 계곡의 물이 폭류가 되어
하류로 하류로 흘러간다.

저 계곡의 물은 조만간 한강으로 흘러들어가고
결국은 바다에 이르러 바닷물이 된다.
저 빗물이 바닷물에 이르러 끝나는 것은 아니다.
더운 여름 햇살에 수증기로 증발하여 구름이 되고
한가롭게 떠다니던 구름은 어느덧 비가 되어
다시 긴 여정을 시작한다.

겨울철의 구름은 눈이 되어 내리고
산과 들은 하얀 눈으로 덮여 우리 눈을 즐겁게 한다.

강물은 꽁꽁 얼어서 얼음판이 된다.
봄이 되면 높은 산의 눈도 녹고
얼었던 강물도 녹아
다시 흘러 바다로 돌아간다.

구름이 생겼다 비가 되어 내리면
구름의 수명이 다했다고 우리는 생각한다.
그러나 구름은 비가 되고 강이 되고 호수가 된다.
구름은 바다가 되고 얼음판이 되고 눈이 된다.
이와 같이 구름은 계속 그 형상과 모습을 바꾸지만
그것이 지니는 물의 성질(水性)은 변하지 않는다.
수성은 상주불멸(常住不滅)이다.

호수의 물을 지나가는 사슴이 먹으면
그 물은 사슴이 된다.
물을 나무가 먹으면 나무가 되고
사람이 마시면 사람이 된다.
불이 나서 나무가 타면
그 물은 불과 연기로 모습을 바꾼다.

이와 같이 물은 인연 따라
여러 가지 모양과 형태로 바꾸어 존재할 뿐이다.
우리 인간도 태어나서 죽는 순간까지가

전부라고 할 수는 없다.

우리가 형상에만 집착하면
진실된 모습(實相)을 볼 수 없다.
금강경(金剛經)에서
"있는 바
모든 형상은 모두 허망하나니(凡所有相 皆是虛妄)
모든 형상이
상(相)이 아님을 본다면
곧 여래를 볼 것이다(若見諸相非相 卽見如來)."
고 말씀한 것은 그러한 뜻일 것이다.

06
전깃불의 화두

비행기를 타고 밤에 서울을 내려다보면
수백만 개 아니 수천만 개의 전깃불로 장관을 이룬다.
가을 밤하늘의 별만큼이나 많은 전깃불로 휘황찬란하다.

전등의 전깃불은 전등의 모양에 따라
그 빛깔도 다르고 모양새도 다르다.
가정집에도 거실, 침실, 부엌, 화장실에
형형색색의 전등이 달려 있다.
밤에 전기 스위치를 올리면 전등마다 불이 들어오고
그 전등들은 전깃불을 밝히며
하나 하나 자기의 존재성을 드러낸다.

거실의 전등이 끊어져 전깃불이 나가면
전기를 모르는 사람은

그 전깃불이 지금까지 존재하다 이제 사멸했다고 생각한다.
그러나 전구마다 수명이 다르긴 해도
새 전구를 갈아 끼우면 전깃불은 다시 들어온다.
자연재해나 전쟁으로 모든 전기시설이
다 파괴됐다 해도
전기의 성질이 파괴되는 것은 아니다.

여름 하늘에 구름과 구름이 부딪혀 생기는
천둥번개가 전기가 아니고 무엇인가.
추운 겨울철에 옷이나 자동차에 손길이 닿는 순간
느끼는 정전기가 바로 전기가 아닌가.
이와 같이 전기의 성질은 우주에 편재해 있다.
그 전기의 에너지를 여러 가지 방법으로
우리가 이용할 뿐이다.
이용하는 방법에 따라 전기 에너지는
여러 가지 모습과 모양을 취하지만
전기의 본성품은 결코 변하지 않고 상주 불멸한다.

우리의 몸은 지수화풍(地水火風)의 사대(四大)와
색수상행식(色受想行識)의 오온(五蘊)으로 구성되어 있다.
사람이 죽는 것은 이러한 육체가 해체되는 것이다.
수명이 다한 전구에 전깃불이 안 들어온다고
전기의 성질이 없어지는 것이 아니듯

사람의 육신이 허물어진다고
그 주인공인 불성은 없어지는 것이 아니고
상주 불멸한다.

전구가 전구를 자기라고 알면
전구의 수명이 다한 순간 모든 것이 끝난다고 생각한다.
우리의 육신이 자기의 전부라고 알면
육신이 허물어지는 것으로 모든 것이 끝난다고 생각한다.
그러나 전구가 자기가 아니고
전기의 에너지가 진아(眞我)라고 알면
영원에 사는 것이다.

마찬가지로 육신이 내가 아니고
불성이 진짜의 나라고 알면
그는 죽어도 죽는 것이 아님을 안다.
전구 하나 하나의 입장에서 보면
무수한 전깃불이 존재하지만
전기에너지의 입장에서 보면
아무런 구분이 없고 모두가 하나이다.
마찬가지로 불성의 입장에서 보면
우리는 모두 하나이다.

조용한 바다에 광풍이 불어

무수한 파도가 일어났다 사라진다.
파도는 사라져도 그가 나온 그 바다로 다시 돌아간다.
한마음 불성의 나툼(appearance)인
우리의 육신도 허물어지면 파도가 바다로 돌아가듯
다시 한마음으로 돌아갈 뿐이다.

그러므로 원각경에서 부처님은
우리 중생들이 사대의 결합체인 육신을
나로 잘못 알고 색성향미촉법(色聲香味觸法)의
육진(六塵) 경계의 그림자인 우리의 보통의 마음을
나로 잘못알고 있는 것,
그것이 곧 무명(ignorance)이며
모든 고통과 생사윤회의 원인이라고 말씀하셨다.

전구가 내가 아니듯이
육신도 내가 아니고 보통의 마음도
내가 아니라고 바로 알면
해탈하여 열반(Nirvana)인 불성을 보게 된다.

전구는 수명이 있으니 무상(無常)하며
진정한 내가 아니니 무아(無我)이듯이
우리의 깨끗지 못한 육체와 보통의 마음도 무상하고
진정한 내가 아닌데도 불구하고

그것을 나로 알고 집착하므로
우리 범부·중생의 생활은 괴로움과 고통으로 가득하다.
그에 비하여 불성인 한마음은 영원하며(常)
항상 즐겁고(樂) 진정한 나(我)이며
그리고 청정(淨)하다.
그러므로 열반경에서 열반은 상낙아정의
네 가지 덕이 있다고 한 것이다.

07
한 손으로 치는 손뼉소리

뜰 앞의 까마귀가 울자 어떤 이가 선사에게 물었다.
"들었습니까?"
"들었소."라고 그 선사가 대답했다.
조금 후 까마귀가 날아가 버렸다.
그는 다시
"들으십니까?"하고 물었다.
"듣고 있소"라고 그 선사가 대답했다.
"까마귀가 날아가서 소리가 나지 않거늘
어찌하여 듣는다 하십니까?"
"나는 들음 없이 들어서 소리에 매이지 않는다.
듣는 성품은 소리를 따라 나거나
소리를 따라 멸하지 않는다."
라고 그 선사는 대답했다고 한다.

능엄경에서,
"아난다여, 네 그 잘못 듣는 기틀을 돌려라.
듣는 놈을 되돌려 자기의 본 성품을 들으면
위없는 도를 이루리라.(反聞聞自性 性成無上道)"
고 설하셨다.

우리가 이 세상을 살면서
눈으로 보고 귀로 듣고 코로 냄새 맡고
혀로 맛보고 몸으로 느끼고 마음으로 생각한 것을
말하고 행동으로 표현한다.
우리의 마음은
태어나서부터 계속해서
바깥의 들리는 소리와 보이는 것을 향하여
내달리고 그것들에 집착한다.
우리는 바깥에 존재하는 모든 것들이
실재한다고 믿는다.
우리는 그 대상들이 우리의 감각기관을
즐겁게 하면 그것을 소유하려고 욕심을 내고
불쾌하게 하는 것이면 멀리하려고 배척한다.

우리가 외계의 사물에 집착하는 것은
결국 우리에게 많은 고통을 주게 되고
죽어서도 윤회의 굴레에서 벗어나지 못하게 한다.

그리하여 우리의 고통과 생사유전의 굴레에서
해탈하기 위한 수행의 첫 단계는
바깥으로만 향하는 우리의 마음을 다시 되돌려
우리의 마음자체를 관(觀)하는 것이다.

그래서 앞의 선사도 까마귀 소리보다는
자기의 듣는 성품을 듣는다고 한 것이며
능엄경에서도 자기의 듣는 성품을 들어야
위없는 도를 이룬다고 말씀한 것이다.

일본의 하꾸인(白隱)선사는
치열한 수행으로 득도하였다고 한다.
밤에 참선할 때도 밧줄로 자기 몸을
꽁꽁 묶어 밤새도록 삼매에 들었다고 하며
너무 치열한 수행으로 상기병(上氣病)을 얻어
고생하였다고 전해지고 있다.
그는 머리부터 발끝에 이르기까지
한 동이의 물이 흘러내리는 상상의 기욕(氣浴)으로
그리고 밤에 잠자리에 들어서는 "허리, 다리, 족심
이 모든 것이 나의 아미타불이라면
아미타불의 설법은 어떠한가?"하면서
의식을 허리부터 족심(足心)으로 끌어내리는
수련을 하여 스스로 고쳤다고 한다.

그러한 치열한 수행으로 견성의 체험을 한
하꾸인 선사는 "한 손으로 치는 손뼉 소리는 어떤 것인가?" 하고
제자들에게 되묻곤 했다고 한다.

두 손으로 손뼉을 치면 물론 소리가 난다.
그것은 귀가 성한 사람이면 누구나 들을 수 있다.
그러나 한 손으로 치는 손뼉소리야
어떻게 듣겠는가?
우리의 듣는 성품을 듣는 것이
한 손으로 치는 손뼉소리를 듣는 것이다.

08
마음과 한마음

1990년대 말에 뇌신경외과 과학자들이
인간의 마음과 의식 그리고 두뇌에 관한 연구 논문을
"모습을 드러내는 마음(Emerging Mind)"이라는
책으로 발표하였다.

그들의 연구에는 여러 가지 재미있는 주장이 많다.
우리 인체는 99.999%가 빈공간(empty space)이며
나머지 0.001%가 견고한 물질처럼 보이지만
그것도 실제로는 빈 공간이라 한다.

물질의 본질은 결국 정보와 에너지이며
우리의 인체도 에너지와 정보의 강(江)이라고 한다.
우리의 몸은 생각의 장(場)이고
생각 스스로가 만드는 것이다.

우리의 기억은 두뇌에만 있는 것이 아니고
몸 전체의 모든 세포에도 있다.
우리의 생각의 98%는 매일 반복된다.
그러므로 우리는 과거 기억의 포로요 희생자이다.

우리 인체는 일년 동안에 98%가 교체되는데
원자수준에서 보면 피부는 한달마다 새롭게 되고
위장은 5일마다 새롭게 재생된다.
간은 6주마다 바뀌고 뼈는 3개월마다 바뀐다.
DNA 구성물질은 6주마다 바뀐다.

이와 같이 3개월마다 뼈가 바뀌는데
왜 관절염 같은 병은 소멸되지 않고 계속되는가?
그것은 우리의 의식과 기억 때문이라고 한다.
인체를 "새롭게" 만들려면
과거의 기억의 흐름에서 벗어나야(解脫)한다.

우리 몸 속의 분자들의 수명은 대개 1년이지만
우리의 생각, 욕망, 기억들은 분자의 수명보다 길고
우리의 생각, 욕망, 기억 등이 나오는 근본바탕인
우리의 각성(覺性)은 영원하다.
그리하여 우리의 기억이 분자를 지배하는 한,
완전히 새로운 재생은 어렵게 된다.

중국의 허운 스님이 하안거를 위하여
어떤 절을 가다 물에 빠져 죽을 지경에서 구조되었으나
몸의 모든 구멍에서 출혈이 있을 정도로
몹시 아팠다.
그러나 그는 용맹정진을 계속하여
드디어 견성하게 되었다.
견성하여 해탈한 후
그의 병은 아무런 치료도 하지 않았으나
씻은 듯이 소멸했다고 한다.

두뇌신경과학자들은 또한 아무리 찾아보아도
"나(我)"를 찾을 수 없었다.
환자의 뇌를 열고 어떤 운동신경을 자극하면
팔이 위로 올라간다.
환자에게 "당신이 팔을 들어 올렸는가?" 하고 물으니
그는 "아니다. 팔이 그냥 올라갔다."고 대답했다.
이번에는 전과 같은 자극을 하면서
"팔을 내려보라"고 의사가 주문하자
그 전과는 달리 팔이 아래로 내려갔다.

이때 그 팔을 내려가게 선택한 자(choice-maker)는
누구인가? 인체의 어느 곳에서도 찾을 수 없었다.

그의 몸 속에 결국은 "내"가 없다고 결론지었다.
과학자들이 찾지 못한 그 선택 자가 바로 마음이다.

우리 범부·중생의 육안(肉眼)으로 보면
우리의 육체는 고체덩어리이다.
그러나 과학자들의 눈으로 보면
그것은 빈 공간에 불과하다.
양파의 본질을 찾으려고 계속 벗겨 나가면
마지막에 남는 것은 아무것도 없듯이
그들은 결국 육체 속에서
나라고 할 수 있는 것을 찾지 못하고 무아(無我)라고 했다.
과학자의 눈으로 할 수 있는 것은 여기까지이다.

깊은 불교의 수행을 통하여 깨친이의 지혜의 눈으로 보면
우리의 육체도 내가 아니고
우리의 보통의 마음도 내가 아니다.
우리 중생들이 그것을 나(我)라고 착각하니까
나(我)라고 할 수 있는 것이 없다고
무아(無我)를 설하였다.
뇌신경외과 학자의 눈으로도 여기까지는 확인하였다.
그러나 부처님은 범부·중생들과 과학자들이 보지 못한
진정한 자기(眞我)를 보시고
그것을 여래장이요, 불성이요, 한마음이라고 하셨다.

그리고 범부·중생들은 진정한 자기를 보지 못하고
보통의 마음과 육체를 자기로 착각하여
생사윤회의 고통 속에 산다.
그리하여 능엄경에서 부처님은
"모든 중생이 시작 없는 옛부터
생사윤회를 거듭하게 되는 것은
상주하는 진심을 모르기 때문이다.
(一切衆生 從無始來 生死相續 皆由不知 常住眞心)"
고 말씀하셨다.

능엄경은 부처님이 그의 제자 아난다가
음녀 마등가의 주술에 떨어져
유혹에 넘어갈 찰나에 그를 구하고 설하신 경이다.
부처님은 "눈으로 보고 아는 그 마음이 어데 있느냐"
는 질문으로 시작하여 우리가 보고 듣고 알고 분별하는
우리 보통의 마음은 대상이 없으면 사라지는 것으로
허망한 것인데 이것을 자기의 본 성품인양
잘못 알고 집착하기 때문에
생사윤회의 고통을 받는다고 말씀하셨다.

여인숙의 손님은 잠시 머물다 때가 되면 떠나가지만
주인은 떠나지 않고 항상 남아 있고
문틈으로 들어오는 햇살에 비치는 먼지들은

움직여 떠돌지만
허공은 여전히 움직이지 않고 고요하듯이
보통의 마음은 대상을 따라 생멸하고 움직이지만
그 보통의 마음을 내는 근거인 진심(眞心)은 상주 불멸한다.
우리의 진심은 항상 있지만 보통의 마음에 가려
중생들이 그것을 잊어버리고 말았다.
그 깨끗하고 본래 밝은 성품인 진심(眞心)을
여래장이라 한다.

산하대지(山河大地)와 분별하는 보통의 마음은
모두 우리의 보는 정기의 밝은 성품(見精明性)인
진심 가운데 있지만 중생들은 그것을 알지 못한다.
우리의 몸은 늙고 죽으면 없어지지만
밝은 성품은 늙지도 않고 죽지도 않는다.
그러함에도 중생의 육안으로는 그것을 보지 못하고
오히려 그것의 나툼인 보통의 마음을
나라고 착각하고 집착한다.
그것이 우리 중생의 고통의 원인이다.
능엄경에서
수행자가 무상의 깨침을 얻지 못하는 것은
첫째로 모든 중생들이 우리의 6식의 작용인
분별하는 보통의 마음을 자기의 본 성품이라고
잘못 알아 생사유전하기 때문이고

두 번째는 그러한 분별하는 보통의 마음에 가려
그것의 근원이며 우리의 본성인 묘하게 밝고
청정한 각(覺)의 마음을 모르기
때문이라고 말씀하고 있다.
우리가 고통으로부터 해탈하는 길은
우리의 한마음 여래장을 보는 것이다.

능엄경에서 부처님은,
"아난아 이 큰 강당이 동쪽이 환하게 열리어
해가 뜨면 밝아지며
그믐밤에 구름이 끼면 어두워지고
창틈으로는 통함을 보고
담벽과 지붕으로는 막힘을 보고……
빈 것은 허공이요……
안개가 개면 밝은 날씨를 보느니라.
아난아 네가 보는 이 여덟 가지
변화하는 모습들은 모두
본 고장으로 돌려보낼 수 있느니라.
밝은 원인은 해에 있으므로 해로 보내며,
어두운 것은 그믐밤에 보내고
통한 것은 창틈에 보내고
막힌 것은 담벽과 지붕에 보내고……
빈 것은 허공에 보내고……

밝은 날씨는 갠 데로 돌려보내느니라.
이 세상 온갖 것이 이 여덟 가지에 지나지 않으나
이들을 보는 정기의 밝은 성품(見精明性)은
어디로도 보내질 수가 없느니라.
따라서 돌려보내질 수 있는 것은
너의 본 마음이 아니려니와
너의 돌려보내질 수 없는 것이야말로
곧 너의 본 마음이 아니고 무엇이겠느냐."고 설하셨다.

인도의 성자 스리 라마나 마하리쉬는
우리가 생각하는 마음도 내가 아니고
우리의 몸도 내가 아니며
그것들을 다 초월해야
비로소 진아(眞我)인 각성(覺性)이 드러난다고 하였다.
현상계가 실재한다는 인식이 사라질 때
진아를 깨달을 수 있고
현상계를 인식하는 마음이 사라지면
현상계도 사라지고 진아가 드러난다고 했다.

티베트의 어떤 경전은 이 진심을
한마음(The One Mind)이라고 부른다.
한마음은 공(空)하고 스스로 묘하게 빛나며(妙明)
무변 무제하므로 시공(時空)을 초월하고

한맛(一味)으로 차별상을 초월해 있다고 한다.

모든 현상계와 그 현상계를 인식하는
우리의 보통의 마음은
푸른 하늘에 구름이 생겨나듯이
한마음에서 생겨난 것이다.
그러므로 생각하는 우리의 마음을 쉬면
한마음은 자연히 그 모습을 드러낸다.
그러므로 모든 분별의 망심을 쉬는
참선수행이 필요한 것이다.
한마음은 우리의 생각으로는 볼 수가 없고
참선수행이나 부처님의 말씀을 듣고
한순간 전광석화 같이 직관으로 알게 된다.

대행스님은 나를 있게 하는
근본 자리를 주인공 한마음이라 하신다.
그리고 '거짓 나'의 뿌리는 '참 나'이므로
둘이 아니라고 한다.
생멸하는 중생심, 번뇌심, 삼독심(三毒心: 貪心, 瞋心, 癡心)을
나로 알지 말고 그것을 되돌려 놓음으로써
'참 나'가 드러나게 해야 한다고 말씀하신다.
한마음은 광활한 우주를 다 싸안을 수 있는 마음이며,
모든 인간과 우주 전체가

마음의 근본인 한마음과 직결되어 있다.
마음이란 잡을 수도 없고 볼 수도 없고 빛깔도 없지만
우주 삼천 대천 세계를 다 담을 수 있고
시간 공간을 초월해서 아니 미치는 데가 없다.
이와 같이 우리의 근본 마음자리는
무한량이고 위대하며 그 묘용(妙用)은 이루 말할 수 없다.
내 마음이 곧 우주의 마음이고 부처님 마음이다.

불경이나 옛 선사들은
우리 마음과 그의 근본인 한마음의 관계를
파도와 바다에 자주 비유하였다.
그것은 오로지 수행을 통하여
스스로 증득(證得)하여야 하는 것이므로
말로는 설명할 수 없는 것이지만
그래도 비유를 통하여 어렴풋이나마 일깨우려 한 것이다.
바다에 물결이 일면
무수한 파도가 되지만 그것은 바다에 다름 아니다.
전구마다 들어온 전기는 하나이지만
전구만을 보게 되면 무수한 전기가 존재한다.
하늘에 있는 달은 하나이지만
강에 비친 달은 천 개(月印千江)일 수 있다.
깨닫지 못한 사람은
'육체만이 나'라고 생각하는 데 반하여

깨달은 사람은 육체만이 내가 아니라
모든 것이 진아, 즉 한마음이라는 것을 아는 데 있다고
마하리쉬는 말한다.

항주 문주스님은 법안스님을 만나서
자기는 지난 날 능엄경을 연구했는데
자기가 해왔던 공부가 그 내용과 일치한다고 자랑했다.
그러자 법안스님이,
"능엄경에는 여덟 가지
환원하는 이치(八還)가 있지 않던가?"
하고 물었다.
그는 그렇다고 대답했다.
이어서 법안스님이 밝음은 어디로 환원하는지를 묻자
문주스님은,
"밝음은 해로 환원합니다."
라고 대답했다.
이것은 능엄경에 있는 그대로이니
대답하기도 어렵지 않았다.
그런데 법안스님이 느닷없이,
"그러면 그 해는 어디로 환원하는가?"
하고 묻자 문주스님은 그만 말문이 막혀
멍하니 대꾸를 하지 못했다.

문자로만 아는 것은 진정으로 아는 것이 아니고
체험으로 알아야 정말로 아는 것임이
법안스님의 질문으로 여지없이 드러나고 말았다.

09
국수의 맛은 무엇인가

나는 한때 칼국수를 무척 좋아했다.
그래서 내가 다니던 태극권 수련장 근처
칼국수 집에 자주 간 적이 있다.

나와 고 선생님은 그 집 칼국수를 매우 좋아했다.
주변 사람들에게 그 집 칼국수가 참 맛있다고 했다.
그 얘기를 듣고 그 집을 찾은 성 박사는
그렇게 맛없는 칼국수는 처음이라는 반응이다.

나에게 그렇게 맛있는 그 집의 칼국수가
왜 성 박사에게는 그렇게 맛없는 것인가.
그 칼국수의 고유한 맛이란 있는 것인가 없는 것인가?
칼국수의 변하지 않는 고유한 맛이 있다면
누구나 그것을 맛있다고 느껴야 한다.

비행기를 오래 탄 경력이 있는 퇴역 공군장교는
하늘에서 무지개를 보면
도넛 모양으로 보인다고 나에게 말했다.
지상에서 보는 무지개는 반원모양이지만
동일한 무지개가 하늘에서는 도넛처럼
원형으로 보인다.
그 무지개의 진면목은 과연 무엇인가?

폭격기에서 투하하는 폭탄은
비행기에서 보면 일직선으로 낙하하지만
지상에서 보면 포물선을 그리며 낙하한다.
이 폭탄의 낙하괴도의 본래 모습은 무엇인가?

아인슈타인은 관찰방법에 따라 변하지 않는
관찰대상 자체의 존재법칙은 없다고 했다.
상대적인 수준에서 볼 때
사물의 실상은 결코 볼 수 없다는 것이다.

우리 눈에 실체로 보이는
우리의 육체도 99.999%는 빈공간이라고 한다.
나머지 0.001%가 견고한 물질처럼 보이지만
그것도 실제로는 빈 공간(empty space)이라고 한다.
이 세상의 모든 현상은

우리의 눈에 보이는 그대로의 모습이 아니고
우리가 우리의 현상계를 이해하고 경험하는 것은
모두 상대적인 것이다.
국수가 맛있다, 맛없다,
그 여인은 참으로 아름답다, 아니다,
이 모든 것은 동일한 현상을 상대적 입장에서
보고 말하는 것이다.
그러나 맛있는 국수보다 더 맛있는 국수가 나오면
지난번 그 국수는 맛없는 국수가 되고
지금까지 제일 예쁜여자 보다 더욱 예쁜 여자가 오면
그 전의 여인은 더 이상 제일 예쁜 여자가 아니다.

이와 같이 있다(有) 없다(無)라는
이분법(二分法)적인 인식과 설명은
항상 일정한 시간적 공간적 범위 안에서만
진실성을 나타내는 것이다.
그것이 절대적 진리를 나타내는 것은 아니다.
그러므로 우리가 그러한 우리의 인식을
절대적으로 옳다고 집착하고
심지어 목숨까지 걸고 싸울 필요가 없다.

사물의 절대적 실상은 상대적인 유·무(有無)의 인식 방법을 초월한
중도(中道)에 의하여 드러난다.

사물의 진실된 모습은 있다·없다 라는
우리의 일상적 인식방법으로는 알 수가 없기 때문이다.

있다·없다 와 같은 우리의 일상적 사고의 틀과
서술방식은 우리의 일상적 경험을 인식하고
표현하는 데 있어서 매우 편리하긴 하지만
그것으로 사물의 본질적 실상을 인식하는 것은 불가능하다.
그러므로 부처님은 있다와 없다는
두 극단을 버리고 중도(中道)에 의해
진실을 설한다고 하셨고
나갈쥬나는 모든 것의 실상은 있는 것(有)도 아니고
없는 것(無)도 아니다 라고 말했다.
그는 연기(緣起)를 공(空)이라 말하고 그것은 가명(假名)이며
그것을 중도(中道)라 한다고 하였다.

모든 현상은 서로 연기되어 생멸하며
서로 상대적인 관계에 있다.
그러므로 그것은 고정불변의 실체가 없고
그러한 상대적 관계를 초월한 절대 실상을 공(空)이라 한다.
그리하여 반야심경은
우리의 육신과 보통의 마음이 공하고
모든 현상이 공하여 생기지도 아니하고 멸하지도 아니하며
늘지도 줄지도 아니한다.

공한 가운데 물질도 없고…… 생각도 없고…… 냄새도
맛도 없다고 설하고 있다.

이러한 중도실상(中道實相)은
우리의 생각으로는 미칠 수 없다.
그것은 유·무(有無)의 이원성(二元性)을 떠난 것으로
불이(不二)이며 공(空)이다.
그러므로 번뇌 망상과 우리의 생각을 멈추면
실상이 보이고 해탈한다고 하는 것이다.

나갈쥬나는 동일한 일상의 현상계를
지혜의 눈으로 보면 불이(不二)의 열반이고
범부·중생의 눈으로 보면 생사 고통의 세계라고 하였다.
모든 것을 둘로 갈라서 보고 생각하는
우리의 습관은 구속이며
그러한 습관을 초월하는 것이 바로 해탈이다.

개구리가 참선을 한다

10
이웃 할아버지의 가르침

내가 어렸을 때 우리 이웃에 할아버지 한 분이 사셨다. 어렸을 때에는 그저 흔히 시골에서 만날 수 있는 보통 할아버지쯤으로 알고 있었으나 나이가 든 요즘 생각해보니 범상한 노인은 아니었다.

그의 눈빛이나 얼굴의 표정은 보통 노인의 그것이 아니었고, 그의 언행 역시 다른 이들과 달랐다.

무언가 인생사에 달통(達通)한 것 같이 보였고, 도를 깊이 깨우친 이 같이 보였다.

한 번은 읍내시장으로 그 할아버지와 함께 가게 되었다.

그 분은 장에 가서 팔려고 집에서 기르던 돼지 한 마리를 몰고 가고, 나는 부모님의 심부름으로 제사에 쓸 양초와 다른 몇 가지를 사기 위해 가게 되었다.

돼지를 몰고 가시면서 돼지가 옆길로 잘못 가게 되면 그 할아버지는 회초리로 매섭게 내리쳤다.

어린 나는 매맞는 돼지가 불쌍한 생각이 들어,

"할아버지! 돼지가 불쌍하잖아요. 때리지 마세요"
하고 말씀드렸다.
"얘야! 돼지를 바른 길로 가게 하려면 때리는 수밖에 없단다."
라고 말씀하시면서 그 할아버지는,
"사람도 그러하단다. 똑바른 길, 올바른 길(正道)로 가야지 옳지 못한 길(邪道)로 가게 되면 결국 저 돼지와 같이 매를 맞던가 다른 벌을 받게 된다."
고 일깨워 주셨다.

그 당시 어린 나이에 나는 그 할아버지의 말씀이 무엇을 의미하는지 잘 몰랐다. 그러나 이 세상을 살아가면서 그분의 가르침의 참뜻을 점차 깊이 이해하게 되었다.

사업을 하다 갑자기 망하는 사람들을 보면 그들이 바른 길이 아닌 사도(邪道)를 걷고 있었음을 발견하게 된다.

정치하다 잘못되어 감옥 가는 이들도 마찬가지이다. 그들은 모든 이의 눈으로 볼 때 정도가 아닌 나쁜 길로 가고 있었다.

회사에 다니다 갑자기 건강이 나빠져 고생하는 이들도 본인이 곰곰이 생각해보면 그 원인을 쉽게 알 수 있을 것이다. 그 역시 옳지 못한 길을 걷고 있었음에 틀림없다.

사업에도 올바른 사업의 길이 있다.

정치에도 올바른 정치의 길이 있다.

우리의 모든 인생살이에는 가야 할 길이 있는 것이다.

사업하는 사람이 사업의 길을 가지 않고 다른 길로 들어서면 자연은 그가 바른 길로 가게끔 내리친다.

그래서 그는 부도가 나든가 감옥에 가든가 또는 나쁜 병에 걸려 고생하거나 심지어는 목숨을 잃게 된다.

정치하는 이들이 바른 정치의 길을 저버리고 옆길로 새면 자연은 이를 용서하지 않는다. 그가 갑자기 나쁜 병에 걸리거나 감옥에 가거나 감투를 잃게 된다.

다른 일에서도 매한가지로 우리가 가야 할 길을 가지 않고 딴 짓하면 그에 상응한 벌을 받게 되는 것이 자연의 이치이다.

불가(佛家)에서는 이것을 인과응보(因果應報)라고 부르고 기독교에서는 하나님의 벌이라 부를 것이다. 무엇이라 부르든 무슨 상관이 있겠는가. 바른길을 가지 않고 딴 짓 하면 결국 망하게 된다는 진리를 우리에게 가르치는 것이다.

공무원이 국민에게 봉사는 하지 않고 업자로부터 돈 먹는 것만 밝힌다면 그것은 공무원의 길이 아니다.

교육자가 교육에는 관심이 없고 권력을 쫓아 정가(政街)를 기웃거리든가 학부모로부터 돈 받는 데만 관심을 갖는다면 그것은 교육의 길이 아니다.

수행자가 수행에는 관심이 없고 신도 수 늘리고 교세확장하고 시주금 받는 데만 관심 갖는다면 그것 역시 수행의 길이 아니다. 세상에는 공짜란 없고 외상도 없다. 모두 제 값을 치러야 한다.

인간에게는 인간의 길이 있다. 인간이 인간의 길을 가지 않고 엉뚱한 짓을 하면 자연으로부터 응징을 받는다.

오늘날의 지구 온난화니, 오존층의 파괴니, 기상이변이니 하는 것은 인간이 인간의 길을 거부한 데 따라 인간이 치르는 죄 값이 아니고 무엇인가.

11
아수라장과 불심

우리나라 사람 가운데 '삼국지'를 읽어보지 않은 사람은 거의 없을 것이다.

'삼국지'가 그렇게 많이 읽히고 인기 있는 것은 그 소설이 그만큼 재미있기 때문이다. '삼국지'는 소설의 분량도 방대하지만 그 소설에 등장하는 인물의 수도 엄청나다.

등장인물의 수 못지않게 그 등장인물들의 성격 또한 다양하다. 탐욕스러운 사람들, 모략과 권모술수에 능한 사람들, 의리를 목숨보다 중히 여기는 사람들 이루 다 헤아릴 수 없이 많다.

어디 그 소설뿐이겠는가. 다른 소설도 결국 다양한 성격의 인간들이 모여 사랑하고 싸우며 살아가는 모습을 이야기로 그리고 있는 것이다. 이 세상을 살아가는 우리들의 모습은 소설 속의 등장인물보다 더 복잡하고 다양하다. 탐욕스러운 인간, 무지한 인간, 남과 싸우고 지배하는 것을 즐기는 인간, 천사와 같은 인간 등 그 유형을 이루 다 열거하기란 불가능하다.

불교가 보는 인간유형은 그 나름대로 독특한 체계를 갖추고 있다.

불교에서는 10법계(十法界)라 하여 지옥(地獄), 아귀(餓鬼), 축생(畜生), 아수라(阿修羅), 인간(人間), 천(天), 성문(聲聞), 연각(緣覺), 보살(菩薩) 그리고 불(佛)의 열 가지 세계가 있다고 본다. 지옥에서 천계까지를 6도(六道)라 하여 사람이 그가 지은 업에 따라 유전(流轉) 또는 윤회하는 세계이고, 그 위의 단계가 바로 4성계(四聖界)이다.

백장스님이 법문할 때마다 와서 듣는 노인이 있었다.
백장이 궁금하여 물었다.
"그대는 누구인가?"
"나는 옛날 이 산에 살던 수행자였는데 어떤 이가 '크게 수행하는 사람도 인과(因果)에 떨어집니까?' 하고 묻기에 '인과에 떨어지지 않느니라'고 대답한 죄로 여우가 되었습니다. 스님이 한마디 법문을 하여 저를 구하여 주기 바랍니다."
하고 그 노인이 부탁하였다.
백장이 그로 하여금 동일한 질문을 하게 한 다음,
"인과에 어둡지 않느니라(不昧因果)."
고 대답해 주었다.
그 노인은 이 한 구절을 듣고 크게 깨쳐 여우의 몸을 벗어났다고 한다.

육도는 본질적으로 고통의 세계이므로 이 육도에 있는 한 고통을 면할 수는 없다. 고통에서 해탈하려면 인과응보의 굴레에서 해탈하여 보살과 부처의 경지에 나아가야 한다.

깨우쳐 부처의 지위에 들어가야 완전히 인과응보의 굴레에서 벗어나 대자유인이 된다.

육도에서 벗어나지 못하는 자는 철저한 인과응보의 법칙에 따라 그가 지은 업대로 전생(轉生)하게 된다.

육도의 유전과 전생을 꼭 죽은 다음에 겪게 되는 일로만 볼 수는 없다. 그것은 성문, 연각, 보살, 부처의 4성계가 살아서 이룰 수 있는 단계인 것만 보아도 알 수 있다.

그러니 지옥, 아귀, 축생, 아수라도 인간이 살아가면서 수시로 겪을 수 있는 세계라고 보아야 한다.

뿐만 아니라 이러한 10법계는 그 속성으로 보면 인간 개개인이 다 그 속에 내포하고 있다고도 볼 수 있다.

열반경에서 부처님은 "일체중생에 다 불성이 있다(一切衆生 悉有佛性)."고 설하셨다. 그것은 모든 중생, 모든 사람이 부처가 될 수 있는 속성을 다 갖추고 있음을 말한다.

마찬가지로 인간은 아귀의 속성도 있고, 축생의 속성도 가지고 있으며, 아수라의 속성도 가지고 있다. 하늘과 보살의 속성을 가지고 있으므로 수행에 따라 천사도 되고 보살도 될 수 있다.

피아노에 여러 개의 음계가 있듯이, 우리 인간 개개인에도 10법계(十法界)가 그대로 존재하고, 어떤 속성을 주로 발동하느냐에 따라 아귀도 되고 아수라도 되고 부처도 된다.

사람은 누구나 다 눈, 귀, 코, 입을 가진 같은 인간의 모습을 하고 있지만, 그 심성에 따라 여러 유형으로 나누어진다. 인간계에 살다가 잘못되어 감옥에 갇혀 몸과 마음이 다 괴로우면 그것이 바로 지옥이 아니고 무엇인가? 우리의 마음이 참기 어려운 고통 속에 있다면 그것이 바로 지옥이다.

어떤 사람이 자기 행동이 어떤 결과를 가져올지 모르는 무지(無知)한 상태에 있다면 그 순간 그는 바로 축생(畜生)이 된 것이다. 남의 재물을 훔치는 사람은 그 순간 축생이 된 것이다.

어떤 사람은 먹어도 먹어도, 가져도 가져도 끝없이 가지려고 하니 그가 바로 아귀가 아니고 무엇인가.

끝없는 욕심으로 돈벌이 하는 이들에 그런 사람들이 많다. 또 어떤 사람들은 남과 경쟁하고 싸워서 이기려고 수단과 방법을 가리지 않는다. 그들은 죽기 살기로 싸운다.

이들은 싸우고 또 싸워도 지칠 줄 모르고 싸움질하는 것을 즐기기까지 한다. 이들은 곧 아수라 행을 하고 있는 것이다. 정치하는 이들 가운데 이런 분들이 많지만 그들에게만 국한된 것은 아니다. 거의 모든 직장이나 모임에서 감투 싸움하는 이들이 다 이 부류에 속한다.

요즘 먹고살기가 더욱 어렵게 되자 아귀형 인간과 아수라형 인간들의 비율이 더욱 늘어나고 있다.

세계적으로 먹고사는 일이 어렵게 되자 길거리에서 직장에서 여러 형태의 모임에서 점차 경쟁이 치열해지고 있다. '무한경쟁'이란 말은 곧 우리가 지금 아수라 세계에서 살고 있음을 상징한다. 그리고 이러한 세상이 바로 아수라장이고 아수라판이다.

그러나 전부 그런 것은 아니다. 인간 도처에 천사가 있고 보살이 있고 부처가 있다. 그런 분들이 있어 이 사회가 그런 대로 유지되고 있다.

계속 저음으로만 노래하면 '바리톤'이 되고, 계속 고음으로만 노래하면 '테너'나 '소프라노'가 되듯 계속 아수라의 속성이 지배하게 하면 그는 싸움질만 하는 아수라가 된다.

끝없이 재산 축적을 하려는 욕구가 계속 지배하면 그는 아귀가 된다.

이 사회에서 아귀나 아수라형 인간의 수를 줄이려면 우선 우리 심성에서 아귀나 아수라의 속성을 없애야 한다. 그것은 마음공부 이외에는 달리 방법이 없다. 누구나 마음공부를 지속적으로 하여 육도의 속성을 벗고 보살과 부처가 되어야 한다.

그것은 인간으로 태어난 인간만이 할 수 있는 일이다. 축생의 속성, 아귀의 속성, 아수라의 속성을 녹여 없애는 데는 자비심(慈悲心) 이외에는 다른 길이 없다.

법화경에서,
"관세음보살은
모든 신통력을 구족하고
널리 지혜방편 닦아서
시방삼세(十方三世) 일체세계에
온갖 몸을 나타내느니라.
지옥(地獄), 아귀(餓鬼), 축생(畜生), 아수라(阿修羅)
갖가지의 모든 악도(惡道)와
생로병사(生老病死) 일체고통을

차츰차츰 다 없애느니라."
고 부처님께서 설하셨다.

관세음보살의 자비심이 지옥의 마음, 아귀의 마음, 축생의 마음, 아수라의 마음을 다 없앨 수 있다는 가르침이다. 자비심은 바로 불심(佛心)이고 자비심으로 가득 찬 이가 바로 부처이다.

인간 개개인은 누구나 열 가지 법계의 속성을 다 갖추고 있으니 그의 축생심(畜生心)을 녹이는 것도 그가 가지고 있는 불심이고, 아귀의 마음과 아수라의 마음을 녹여 없애는 것도 그 자신이 가지고 있는 부처의 마음이다.

많은 이들이 이것을 모르고 그날 그날 아수라같이 싸우고 아귀다툼하며 살아가고 있을 뿐이다. 참으로 안타까운 일이 아닐 수 없다.

12
개 짖는 소리

 시골에서 태어나서 자연 속에서 어린 시절을 보낸 나는 직장 때문에 오랫동안 서울에서 살았지만, 마음 한 구석에 늘 전원생활을 동경해 왔다. 그러다 정년을 앞두고 양평 근교의 숲 속에 주택을 짓고 지난 겨울에 이사를 하였다.
 오랫동안 혼잡하고 오염된 공기로 가득한 서울생활에 지치고 찌든 나에게 전원의 맑은 공기와 아름다운 자연은 말할 수 없는 평화와 즐거움을 주고 있다.
 봄에는 진달래꽃이며 갖가지 야생화가 아름답게 피어 우리의 눈을 즐겁게 해주고 이름 모를 갖가지 새들이 아침 저녁으로 찾아와 즐거운 노래를 들려준다. 여름에는 잡초를 뽑고 잔디를 깎는다. 꽃밭에 물도 주고 이런 저런 일로 땀을 흠뻑 흘리고 나서 시원한 수박을 먹거나 맥주라도 한잔 하고 나면 부러울 게 없다. 처마에서 떨어지는 빗줄기를 보는 것도 즐겁지만 사방이 적막한 가운데 조용히 흰 눈이 내릴 때면 나는 잠시 강원도 시골의 어린시절로 돌아간 듯 느낀다.

겨울 밤 하늘은 어찌도 그리 맑은지 별들은 손에 잡힐 듯 쏟아지고 달 밝은 밤에는 쉽게 잠이 오질 않는다. 그때는 문득 벗이라도 옆에 있어 같이 술잔을 기울이며 두런두런 얘기라도 나누고 싶다. 조용한 밤에는 가끔 멀리 지나가는 기차소리가 아련히 들릴 뿐 자동차 소리도 안 들리는 조용한 곳이니 때로는 적적하여 우리는 진돗개를 한 마리 키우기로 하였다.

생후 3개월 정도 되어 우리 집에 처음으로 온 '청호'는 흰색에 인물도 잘생긴 녀석이다. 먹기도 잘하지만, 장난도 심한 그 녀석은 온 지 얼마 안 되어 이웃집의 사나운 큰 개에게 물려 거의 죽을 뻔한 적이 있다. 그때 나는 마음속으로 눈물을 흘리며 다시 살아나길 간절히 빌고 또 빌었다. 내 기도가 통했는지 '청호'는 기적적으로 다시 소생하여 이제는 제법 어른스럽게 컸다. 숫놈인 청호는 가끔 풀어주면 여간 좋아하지 않는다. 집 주위 산 속을 이곳 저곳 탐색하면서 자기 영역을 표시하기 바쁘다. 특히 흰눈이 내려 소복이 쌓일 때는 마치 어린 아이들 같이 이리저리 뛰어 다니며 즐거워한다. 그 녀석은 매우 영리한 녀석이다. 대소변을 아무데나 함부로 보지 않고 멀리 숲 속에 가서 보고 온다. 그렇게 영리하고 귀여우니 우리 외손녀들이 청호를 너무너무 좋아하고 전보다 자주 놀러온다. 아무튼 우리 부부는 청호 때문에 외롭지 않게 노후를 보내고 있는 셈이다. 요즘은 추운 겨울이지만 매일 틈만 나면 나는 그 녀석과 함께 산책길에 나선다. 나는 그 녀석에게 대소변의 기회를 준다고 생각하고 나가지만, 그 녀석이 실은 나에게 산책을 시키고 있는 셈이다.

나는 청호를 키우면서 많은 것을 알게 되었다. 청호와 내가 '한마음'이 되면 말 못하는 그 녀석도 내 마음을 그대로 알고 따라 준다. 그래서 나는 가끔 청호에게 "너도 다음 생에는 인간으로 태어나서 꼭 성불하여라" 하고 일러준다. 그 녀석이 개 집 앞에 한가롭게 앉아서 멀거니 앞을 응시하고 있는 모습은 마치 '참선'이라도 하고 있는 것 같이 보인다.

청호는 혹 낯선 사람들이 나타나면 영락없이 짖는다. 짖는 소리의 고저장단에 따라 우리 집에 어느 정도 가까이 왔는지 알려준다. 반가운 손님이 오셨을 때 짖는 소리 다르고 이웃집 '진희'란 진돗개 암놈이 가까이 왔을 때 짖는 소리 다르다. 사방에 흰눈이 조용히 내리는 고즈넉한 밤이나 달빛이 환한 늦은 밤 멀리서 은은히 들려오는 개 짖는 소리에 나의 마음은 어느덧 오래 잊고 있었던 '고향'으로 돌아간다. 요즘 많은 이들이 '마음의 고향'을 상실한 채 부와 권력과 명예를 쫓아 바삐 살아간다. 개 짖는 소리는 이러한 우리에게 생명의 근원인 마음의 고향으로 속히 돌아가라고 일깨워 주는 듯하다.

옛날에 어떤 이가 조주(趙州)스님에게 물었다.

"개에게도 불성(佛性)이 있습니까?"

조주스님은 "무(無)"라고 대답하였다. 그리하여 이것이 그 유명한 "무(無)"자 화두(話頭)가 되어 많은 선객(禪客)들의 공부거리가 되었다. 조주는 그 후 어떤 이가 동일한 질문을 하자 이번에는 "유(有)"라고 대답했다고 한다. 부처님은 일체중생이 다 불성을 가지고 있다고 하는데 왜 조주는 "무"라고 대답했으며 또 다른 때는 왜 "유"라고 했는가? 이것이 바로 불교수행자의 공부거리이며 그 해답을 아는 이는 바로 깨친 사람이다.

옛날 중국의 한 관리가 불해선사(佛海禪師)를 참례하여
"어떤 것이 선지식(善知識)입니까?"
하고 물었다.
"고양이 새끼요, 개(狗子)니라"
하고 불해선사가 대답했다.

중국의 유명한 시인 소동파(蘇東坡)는 불교공부를 꽤나 많이 한 이였다. 그는 스님들을 만날 때마다 그 분들의 공부 정도를 시험하길 즐겼다. 한 번은 상총선사(常總禪師)를 만나서 "나는 칭(秤)이라 합니다"
하고 자기를 소개하였다.
선사가
"칭가라니요?"
하고 물었다.
소동파는
"사람이 몇 근이나 되는지 달아보는 칭가요"
하고 대답했다.
그러자 그 선사는 "악"하고 할을 하면서
"이것은 몇 근이나 되는가?"
하고 물었다.
그 말에 소동파는 그만 말문이 막히고 대답을 할 수 없었다. 그는
"이 우매한 중생에게 한 말씀해주십시오"
하고 설법을 청하였다.
상총선사는

"유정설법을 들어서 무얼 하겠는가? 무정설법(無情說法)을 들을 줄 알아야지"

하고 말했다.

무슨 뜻인지 몰라 하던 소동파는 어떤 곳을 지나다 떨어지는 폭포 소리를 듣고 문득 깨닫게 되었다. 그는 그때 무정설법을 듣게 된 것이다. 그때 그는 다음과 같은 유명한 시를 남겼다.

"시냇물 소리가 그대로 부처님의 장광설이요,

산빛이 어찌 그대로 청정법신이 아니겠는가,

밤새들은 팔만사천 법문의 소식을

뒷날 어떻게 사람들에게 보여줄 수 있을까?

(溪聲便是長廣舌 山色豈非淸淨身

夜來八萬四千偈 他日如何擧似人)" (강건기, 불교와의 만남 참조)

임제선사는

"마음법은 형상이 없고 시방세계의 모든 것을 꿰뚫고 있다. 눈에서 작용할 때는 본다고 하고 귀에 있을 때는 듣는다 하고 코에 있을 때는 냄새맡는다 한다…… 본래 청정하고 밝은 것이 여섯 가지로 나누어졌다."

고 말했다.

만일 보고 듣고 하는 것을 따라 그 근원의 마음에 이르면 그 마음은 보고 듣고 하는 것 등으로 나누어지지 않을 것이며, 외부의 사물과 현상에 끄달리지 않을 것이다.

청정하고 밝은 그 마음은 마음이 만든 무정물의 설법까지도 듣고 이해하게 되고 마음과 사물은 두 개의 다른 것이 아니고 그대로 하나의 실상이 된다.

한마음을 깨치고 보면 두두물물(頭頭物物)이 부처 아닌 게 없고 일체 만물의 설법(說法)을 항상 듣게 된다. 어떤 스님이 수산성념(首山省念) 스님에게 물었다.

"어떤 것이 여래의 말씀입니까?"

수산성념 스님 왈,

"당나귀 울음소리요, 개 짖는 소리니라."

나는 우리집 '청호'를 기르면서 많은 것을 배운다. 그는 나에게 무욕(無慾)을 가르치고, 충성심(忠誠心)을 가르친다. 요즘처럼 충직한 사람이 귀한 세상에 우리 청호를 보면 인간인 내가 부끄럽기 짝이 없다. 배부르면 더 먹질 않고 축재(蓄財)를 위한 축재를 하지 않으며 발정기(發情期)를 제외하고는 항상 절제(節制)를 한다.

그야말로 자연의 순리대로 살아간다.

인간들이 "개 같은 놈!", "개 X같은 놈!" 하고 개에 빗대어 수시로 욕을 하지만 내가 보기에는 인간으로부터 개가 그러한 욕을 먹을 하등의 이유가 없다. 그것은 많은 경우 개보다 못한 인간이 더 많기 때문이다.

더도 말고 덜도 말고

개 같이만 살 수 있으면 얼마나 좋을까.

13
무위(無爲)도 넘어서

거의 모든 사람들이 삶을 살아감에 있어서 바락바락 애를 쓰니까 노자 같은 이가 무위(無爲)를 가르쳤다. 그는 유위(有爲)의 병에 걸린 인간들에게 무위라는 약을 처방한 것이다. 그렇다고 무위에 안주한다면 그것 또한 큰 병이 아닐 수 없다. 유위와 무위를 나눈 것부터가 사실 잘못된 것이다. 우리 인간의 관념과 사고가 만들어 놓은 함정이다. 자연상태에서는 유위와 무위의 구별이 없다. 그저 그럴 뿐이다.

우리는 이 세계에서 먹고살기 위하여 한시도 일을 하지 않을 수 없다. 무위가 좋다고 신선같이 '무위도식' 한다면 그는 이미 이 세계의 인간은 아닌 것이다.

불교는 이 점을 경계하여 그 무위의 병폐도 초월하라고 가르친다. 이런 점에서 불교의 가르침은 도가(道家)의 그것보다 한 차원 높은 것이다.

불교경전 가운데 유마경(維摩經)이란 경전이 있는데 유마거사(維摩居

士)와 문수보살 등과의 대화가 경전의 주된 내용을 이루고 있다. 이 경전은 불이(不二)의 중도(中道)를 가르치고 있다.

그 중에 중향국(衆香國)에서 온 보살의 요청에 따라 부처님께서 보살의 수행할 바를 설하셨는데, 그것이 진무진해탈법문(盡無盡解脫法門)이다.

이 법문의 내용이 바로 유위법(有爲法)을 버리지도 말고 무위법(無爲法)에 안주(安住)하지도 말라는 가르침이다. 다함(盡)이란 유위가 다 없어짐을 말하고, 다함없음(無盡)이란 무위가 없어지지 않게 함을 말한다. 다하고 다하지 않음에서 해탈하라는 것이다.

보살은 유위를 버리지도 말고(不盡有爲)

무위에 집착하지도 않도록(不住無爲)

수행해야 한다는 가르침이다.

유위를 버리지 않음이란 어떤 것인가?

광대한 자비심을 항상 지니는 것,

일체지(一切智)를 구하여 한순간도 잊지 않는 것,

중생을 교화하는 일에 권태를 느끼지 않는 것,

바른 가르침을 굳게 지킴에 신명을 아끼지 않는 것,

선근을 심는 일을 싫어하지 않는 것,

온갖 영욕에도 기뻐하거나 근심하지 않는 것,

자신의 즐거움만을 추구하지 않고

남의 즐거움을 보고 기뻐하는 것,

생사(生死)를 생각하기를 정원 관상하듯 하는 것,

선정에 있으면서 이를 지옥같이 생각하는 것,

주관과 객관의 대립에서 중생을 해방시키는 것,
무념이 되어 실상을 보는 지혜를 갖는 것 등이다.

어떤 것이 무위에 안주하지 않는 것인가?
공(空)과 무상(無相)을 수행하지만 그것을 깨달음으로 삼지 않는 것,
모든 것이 무상(無常)함을 알면서도
선근(善根)을 심는 일을 싫어하지 않는 것,
세간의 괴로움을 알지만 그렇다고 생사(生死)를 싫어하지 않는 것,
무아(無我)임을 알지만 사람들을 교화하는 일을 싫어하지 않는 것,
적멸(寂滅)을 알지만 그에 안주하지 않는 것,
번뇌 없는 경계를 알지만 온갖 번뇌를 끊어버리지 않는 것,
행할 것이 없는 줄 알지만 중생교화의 행을 하는 것,
모든 것이 공(空)함을 알지만 광대한 자비 베푸는 것을 그치지 않는 것 등 여러 가지가 있다.

보살은 결코 무위에 안주하지도 않아야 하지만 또한 유위를 모두 버려서도 안 된다. 보살은 큰 덕을 갖추었으므로 무위에 안주하지 않고 지혜를 갖추었으므로 유위를 버리지 않는다. 중생의 병을 알고 있으므로 무위에 안주하지 않고 중생의 병을 없애기 위하여 유위를 버리지 않는다.

유위에만 머문다면 그것은 범인의 차원이다. 유위를 넘어 무위의 경지에 이르렀다면 그것은 성인의 차원일 것이다.

그러나 백척간두 진일보(百尺竿頭 進一步)하듯 무위의 경지도 초월하

여야 대자유인이 되어 때와 장소에 알맞게 처신할 수 있다.

　달을 보라고 가리키는데 달은 안 보고 그 가리키는 손가락만 보는 것은 참으로 우매한 짓이다. 마찬가지로 달을 보란다고 계속 달만 보고 있을 수는 없는 것이다. 달을 보고 난 다음에는 다시 가던 길을 가야 하고 먹고살기 위하여 하던 일을 계속 하여야 한다.
　진실로 도가 깊고 도를 아는 이는 그의 직장에서, 시장바닥에서 그가 하는 일을 여전히 열심히 하는 사람들이다. 그러나 그는 보통 사람들과는 판이하게 다르다. 그것을 우리는 보고 다 알 수 있다.

14
그 마음을 항복받으려면

우리나라 불교경전 가운데 금강경만큼 많이 읽히는 경전도 없을 것이다.

달마가 선(禪)을 전하러 인도에서 중국으로 왔을 때는 능가경 하나만을 가져 왔다고 한다. 그러나 5조(五祖) 홍인과 6조(六祖) 혜능을 거치면서 금강경이 중국 선불교의 소의경전(所依經典)이 되었다.

금강경은 비교적 짧아서 독송하기 간편하면서도 그 내용이 심오하기 때문에 더욱 인기가 있는 것이 아닌가 한다.

어느 때 1,200여 명의 제자가 모인 자리에서 수보리가 부처님께 법문을 청한다.

"최고의 깨달음의 마음을 일으킨 선남선녀(善男善女)들이 어떻게 마음을 머물며(應云何住), 어떻게 그 마음을 항복 받아야(云何降伏其心) 하겠습니까?"

이에 대하여 부처님은,

"모든 보살은 마땅히 이와 같이 마음을 항복 받을지니, 이 세상의 일체중생을 남김없이 무여열반에 들게 하고 멸도할 것이다.

이와 같이 무수한 중생을 제도하여도 실은 멸도를 얻은 중생은 없다.

왜냐하면 보살이 만약 아상(我相), 인상(人相), 중생상(衆生相), 수자상(壽者相)을 가지고 있다면 그는 보살이 아니기 때문이니라."

하고 설하셨다.

부처님은 수보리의 두 가지 질문 가운데 두 번째인 "어떻게 이 마음을 항복 받아야 할 것인가?"에 관하여 먼저 말씀하셨다. 그리고 이것이 대승정종분(大乘正宗分)으로 대승불교의 종지(宗旨)가 된다.

마음가짐에 관한 말씀은 그 다음 묘행무주분(妙行無住分)에서 하셨다. 즉,

"보살은 모든 법에 대해서 마땅히 머무는 마음 없이 보시를 행할지니라.

이른바 색, 성, 향, 미, 촉, 법(色聲香味觸法)에 머무름(매임)이 없이 보시를 할지니라."

라고 하셨다.

이것이 바로 상에 머무르지 않는 보시(不住相 布施)이며 그러한 보시의 공덕은 무한하다고 한다. 그리고 보살은 이와 같은 부처님의 가르침대로 그 마음을 머물러야 한다고 말씀하셨다(但應如所敎住). 수보리가 부처님께 질문한 것은 최고의 깨달음을 위한 수행법으로 우리의 마음을 어떻게 머물고 어떻게 항복 받을 것인가이다. 이것은 편의상 두 가지 질문이라고도 볼 수 있다.

부처님은,

"보살은 그 마음을 항복 받기 위하여 중생을 제도하여라." 라고 설하셨다.

이 대목이 무엇보다 중요하다고 나는 생각한다. 왜 부처님께서 수행자는 중생을 제도하라고 하셨을까?

수보리는 이른바 성문승으로 자기의 해탈만을 생각하는 소승(小乘)이다. 그러니 자리행(自利行)의 소승(小乘)에만 머물지 말고 이타행(利他行)의 대승(大乘)으로 나아가야 됨을 역설하신 것이다.

중생제도는 바로 자비행(慈悲行)에 다름 아니다.

최고의 깨달음을 성취한 부처가 되려면 중생제도라는 자비행을 하여야 한다. 그리고 이 부분이 대승의 종지(宗旨)라는 뜻인 대승정종분(大乘正宗分)으로 불린다.

자기의 괴로운 마음을 조복(調伏)받고 그로부터 해탈하려면 중생을 고통에서 구제하는 자비행을 해야 하는 것이다.

이러한 맥락에서 볼 때 평생 화두참선만을 고집하셨던 성철 큰스님께서도 "견성성불에 두 가지 길이 있는데, 하나는 화두참선법이요, 다른 하나는 계속 남을 돕는 이타행(利他行)의 길이다." 고 말씀하신 뜻을 이해할 수 있다. 그러나 자비행이 그냥 쉽게 되는 것은 아니다. 진정한 자비행이 되려면 나라는 생각(我相), 남이라는 상(人相) 등 이른바 사상(四相)이 없어야 한다.

그래서 부처님께서 그 다음 대목에서,

"이와 같이 중생을 제도하여도 실은 제도된 중생은 없느니라. 왜냐하면 보살이 만약 아상(我相), 인상(人相), 중생상(衆生相), 수자상(壽者相)을 가지고 있다면 그는 보살이 아니기 때문이니라."

하고 말씀하신 것이다.

보살이 자비행을 하는 것이 그 마음을 조복 받는 길이고 그러한 자비행을 하려면 모든 상을 여의어야 한다.

특히 모든 상의 뿌리인 아상(我相)이 있어서는 그를 보살이라 할 수 없다.

보살은 상을 여읜 수행자인 것이다.

부처의 마음이 불심(佛心)이고 자비심이다.

부처가 아닌 모든 생명 있는 존재가 중생이고 중생의 마음이 바로 중생심이다. 아귀심, 아수라심, 축생심 등 탐내고, 시기하고 질투하고 빼앗고, 도둑질하고 싸우고 남을 죽이는 이 모든 마음이 바로 중생심이다.

중생을 제도하려는 수행자는 자기의 중생심부터 다스려야 하는데, 그 중생심을 녹여 깨끗한 불심으로 바꾸는 것도 그가 본원적으로 갖고 있는 자비심이다.

그리고 이 자비심은 상(相)을 말끔히 제거함으로써 얻을 수 있고 상을 말끔히 제거하는 것이 바로 공(空)의 실천이다. 아상(我相)은 모든 상(相)의 근원이다. 수행자가 아상을 갖고 있는 한 남을 제도하고 남을 살리는 자비행(慈悲行)은 불가능하다.

그리고 수행자가 그의 마음에서 그의 행위에서 모든 상(相)을 말끔히 제거하는 것이 바로 공(空)의 실천이다.

공의 실천이 없이는 진정한 자비의 실천은 불가능하다.

자비행은 공의 실천을 전제로 하기 때문에 금강경에서는 상을 없애는 공(空)의 실천에 좀 더 큰 비중을 두고 있는 것처럼 보일 뿐이다.

그렇기 때문에 금강경이 공을 설한 경전으로 알려진 것이다. 수행자의 마음에서 모든 상(相)이 제거되어 본래의 깨끗한 자성청정심(自性淸淨心)이 되면 거기에 어디 중생이 있고 부처가 있겠는가? 중생도 부처도 없다면 제도고 뭐고 할 것이 없는 것이다.

더러운 마음이 있으니 중생이 있고, 그에 대비하여 부처를 세우게 된 것이다.

부처님은 곧 이어서 상(相)이 없는 보시(布施)를 하라고 말씀하셨고, 그것은 곧 보살의 마음가짐에 관한 가르침이다. 보시 역시 이타행(利他行)이요, 자비행이다. 그것이 진정 남을 위하는 자비행이 되려면 아상(我相)을 비롯한 모든 상(相)이 없어야 한다. 그리고 이것이 바로 공(空)의 실천이다. 보시하는 자라는 생각, 보시를 받는 자라는 생각 그리고 보시라는 생각도 없이 하는 보시야말로 무한 공덕의 보시요, 이러한 부주상 보시(不住相 布施)가 바로 공의 실천이다.

그리고 이러한 공의 실천에 관한 가르침이 경의 뒤에서도 계속 이어지고 있다.

묘행무주분은, 보살의 마음가짐은 '마음을 어디에도 두지 않는 것'이라는 가르침이다. 이 '마음을 어디에도 두지 말라'는 가르침에는 '마음을 어디에도 두지 않아야 한다'는 가르침까지 포함되어 있다.

얼마나 공의 철저한 실천을 말씀하셨는가는 바로 무득무설분(無得無說分)에서도 나타나고 있다.

부처님이 최고의 깨달음을 얻었다는 생각, 그리고 부처님의 가르침이 있다는 생각이 또 하나의 상(相)으로서 제자들의 마음속에 자리한다면 그것은 '모든 상을 여의라'는 부처님 자신의 가르침에 역행하는 결과가 된다.

그리하여 부처님은 수보리의 입을 통하여 깨우친 바도 없고 가르친 법도 없다고 말씀하신다.

우리의 언어는 어떤 현상이나 관념의 상(相)을 전달하는 수단이다. 일단 말을 하면 일반적으로 어떤 상을 불러일으키게 된다.

불법을 말씀하시는 부처님이야 그러한 상이 없이 말씀하신다 하여도 듣는 이들은 그가 가지고 있는 업식(業識) 때문에 즉시 어떤 상(相)을 일으키고 집착하게 된다. 그러면 모든 상을 여의라는 가르침에 역행하는 결과가 되니 언어를 사용하여 언어를 초월한 이치를 가르쳐야 하는 일이 얼마나 어려운 일인가를 실감케 하는 대목이다.

'상을 여읜다'는 말도 마찬가지이다.

해탈한 이들에게는 상이 있어도 그에게 아무런 장애가 되지 않는다. 범인들은 그러한 상을 진실인양 집착하여 장애를 받으니 그것을 다 버리고 다 초월하라고 가르치는 것이다.

우리가 우리의 마음에서 욕(欲)을 비우고 생각도 비우고 시비분별도 비우고 모든 상을 다 비우면 공(空)을 체득하게 되고 이러한 공의 실천이 있고 나서야 비로소 진정한 자비행을 할 수 있게 된다. 그리고 이 무상(無相)·무주(無住)의 자비행이야말로 수행자가 무상(無上)의 깨우침에 이르는 길인 것이다.

어떤 중이 혜해(慧海)선사에게 물었다.

"스님은 어떤 법으로 사람들을 제도하십니까?"

"나는 어떤 법으로도 사람을 제도한 일이 없다."

"선사들은 모두 이 모양이군."

대사가 되물었다.

"대덕(大德)은 어떤 법으로 사람을 제도하는가?"

그러자 그 중이 대답했다.

"금강반야경을 강의하였습니다."

"몇 번이나 했는가?"

"20여 번이나 했습니다."

"그 경은 누가 설한 것인가?"

"선사는 사람을 조롱하십니까? 어찌 부처님이 설한 경인 줄 모르신단 말이요?"

이때 혜해선사 왈,

"경에 이르기를 '만일 여래가 설한 법이 있다고 하면 이는 부처를 비방하는 것이니 이 사람은 나의 말을 이해하지 못한다' 하셨다.

그러나 이 경을 부처님의 말씀이 아니라 하면 이것은 이 경을 비방하는 것이다. 대덕은 말을 해 보라."

하였다.

그러자 그 중은 아무 대답을 못하였다고 한다.

이것은 전등록의 대주 혜해선사편에 나오는 이야기이다. (대현 문재현 옮김, 전등록 1)

금강경이 마음법임을 모르고 문자에 매이면 혜해스님에 의하여 궁지에 몰린 스님 꼴이 된다.

15
수행방법

석가모니 부처님께서 성도하신 후 50년 가까이 설법하신 것을 천태종에서는 다섯 시기(時期)로 구분한다.

첫째가 화엄시(華嚴時)로서 삼칠일 동안 화엄경을 설하셨다고 한다. 내용이 너무 어려워 보살들만이 알아듣고 부처님의 제자들은 이해하지 못했다고 한다.

둘째 시기가 아함시(阿含時)로서 12년간 녹야원에서 주로 아함경을 설하신 때이다. 그의 제자들의 근기에 맞게 기초부터 가르치신 시기로서 주로 그들의 그릇된 아집(我執)과 법집(法執)을 제거하는 데 가르침의 초점을 두었다.

아집이란 우리의 몸과 우리의 생각하는 마음이 불변의 나라고 여기는 그릇된 관념이고, 법집은 모든 삼라만상이 실재한다는 그릇된 관념이다.

셋째는 그 후의 8년으로 방등시(方等時)라 하는데 이때는 유마경, 능가경, 승만경 등을 설하신 시기로 제자들이 소승에 안주함을 경계하여 대승의 가르침을 함께 가르친 때라 한다. 넷째의 시기가 반야시(般若時)로서 반야계통의 경을 설하신 22년간의 기간을 말한다. 이 기간에는 주로 공(空)의 가르침을 통하여 확실히 대승에 들게 한 때이다.

다섯째가 마지막 8년간으로 법화·열반시(法華·涅槃時)이다. 지금까지의 가르침은 모두가 부처의 지혜에 들게 하기 위한 방편이었음을 설한 법화경과 열반하시기 전 하루 낮과 밤 동안 열반경을 설한 시기이다.

50년 가까이 설하신 방대한 부처님의 가르침은 결국은 중생 모두가 본래부터 가지고 있는 불성을 깨달아(見性) 성불(成佛)하는 길을 보여 주신 것이다.

불교 수행의 목적은 견성성불(見性成佛)하는 데 있다. 선불교(禪佛敎)에서는 특히 모든 부처님 말씀은 손으로 달(月)을 보라고 가리키는 것과 같은 것이라고 한다.

그래서 문자에 매달리지 말고 바로 자기성품을 보아야 한다고 말한다. 문자에 매달리는 것은 달을 보지 않고 가리키는 손을 보는 것과 같이 우매한 짓이라는 것이다.

범인은 이 몸이 나라고 알고 있고 생각하는 이 마음이 나라고 알고 있지만, 깨우친 이들은 한결같이 이 육체도 내가 아니요 생각하는 마음도 내가 아니라고 한다.

부처님은 원각경(圓覺經)에서 여러 원소의 결합인 이 몸을 자기라고 잘못 알고 늘 생각하는 마음을 자기라고 잘못 아는 것이 다름 아닌 무명(無明)이요, 몸과 마음이 허공에 핀 꽃 같은 것이라고 알면 무명은 사라지고 본래부터 가지고 있는 우리의 본성인 둥근 깨달음이 그대로 드러난다고 말씀하셨다.

　불교인은 아니지만 인도의 성자 스리 라마나 마하리쉬도 똑같은 말을 했다. 그는 우리의 몸과 우리의 생각하는 마음은 진아(眞我)가 아니라고 한다. 그는 모든 생각의 근원인 '나'라는 생각을 끝까지 추적하여 진아를 보라고 한다. 그리하여 그는 '나는 누구인가?'를 계속 탐구하라고 가르친다.
　선불교에서 말하는 견성을 위한 수행법에는 크게 보아 묵조선과 화두선이 있다.
　우리나라에서 많이 하는 것이 화두선이다. 깨우친 큰스님으로부터 '무', '뜰 앞의 잣나무', '이 뭐꼬', '염불하는 나는 누구인가?' 등 그에게 알맞은 화두를 받아서 행주좌와(行住坐臥) 화두를 의심 참구하고 타파하여 견성하는 방법이 화두참선방법이다.
　화두 한 가지만을 계속 의심 참구함으로써 쓸데없이 대상을 찾아 헤매던 우리의 마음이 화두 하나에 집중되고 결국 견성하게 된다는 것이다.
　마하리쉬도 '나는 누구인가?'를 계속 탐구함으로써 결국 진아를 찾게 된다고 하였다. 그의 진아탐구는 선불교의 화두참선법과 너무 흡사하다.
　중국의 허운선사(虛雲禪師)는 화두참선을 이렇게 설명하셨다. "마음이 곧 부처이며 부처를 염하는 것(念佛)이 곧 부처를 관하는 것(觀佛)이고 부처를 관하는 것이 마음을 관하는 것(觀心)입니다.
　그래서 화두를 보라고 하는 것입니다. 어떤 이는 염불하는 것은 누구인가(念佛是誰)?'라는 화두를 보라고 하는데 이것이 바로 부처를 염하는 자기 마음을 관하는 것이며 곧 자기 마음의 청정한 깨달음의 체(自心淸淨覺體)를 관하는 것입니다. 또한 자기 성품의 부처를 관조하는 것입니다." (대성 스님 옮김, 참선요지)

허운선사는 '염불하는 것은 누구인가?'하는 것이 가장 보편적인 화두라고 한다. 그것은 그 당시 일반화된 염불을 화두로 삼은 것이라 보인다.

허운선사는,

"어떤 것을 화두라고 하는가? 화(話)란 말이요 두(頭)는 말하기 전이니 저 '아미타불'을 염(念)할 때 아미타불하는 말은 화(話)요 이를 염하기 전이 화두입니다.

이른바 화두(話頭: 말머리)란, 곧 한 생각 일어나기 전(一念未生之際)이니 한 생각이라도 일어나면 이미 화미(話尾: 말꼬리)를 이루게 됩니다. 이 한 생각 일어나기 전은 나지 않음(不生)이라고 하는데, 이 상태는 들뜨지도 않고 혼침에 빠지지도 않으며 고요함에 탐착하지도 않고 공(空)에 떨어지지도 않습니다.

또 이를 '없어지지 않음(不滅)'이라고 부르는데, 시시각각 또렷또렷하게 일념으로 마음빛을 돌이켜 비춥니다.

이 나지도 않고 없어지지도 않음이 바로 화두를 본다(看話頭) 혹은 화두를 비춘다(照顧話頭)고 하는 것입니다."

라고 화두참선의 뜻을 잘 요약해 주고 있다.

허운선사는 '아미타불'을 세 번 마음속으로 염(念)하고 '염불하는 자는 누구인가?'하는 화두를 보라고 한다. 특히 이때 '누구'라는 데 역점을 두고 하되 그렇게 염하는 생각이 어디서 일어나는가를 관하라고 한다.

다음으로 많이 하는 것이 염불참선방법이다.

염불도 여러 가지가 있겠지만 오직 '나무아미타불'하고 일심으로 염불(念佛)하는 방법은 특히 재가 수행자들에게 인기 있는 것이다. 정토종이나 천태종의 수행법이 이에 해당한다. 화두와 흡사한 '나는 누구인가?'라는 진아탐구법을 권하는 인도의 성자 스리 라마나 마하리쉬는 염불 같은 만트라(mantra)도 똑같이 좋다고 한다.

어떤 제자가 마하리쉬에게,

"저는 숨을 들이마시면서 신의 이름을 부르고 내쉬면서는 사이바바의 이름을 부르는 수행을 오래 전부터 해오고 있습니다…… 그렇게 해도 좋습니까?"

라고 질문을 하였다.

마하리쉬는,

"지금 하고 있는 수행을 그대로 계속해도 괜찮다. 만트라(진언: 眞言)가 지속적으로 반복되면 잡생각이 모두 사라져 자신의 진정한 본성에 머물게 된다.

이렇게 하는 것이 집중명상이다. 마음이 외적인 대상으로 향하면 자신의 진정한 본성을 자각하지 못한다.

만트라를 반복하려고 의식적으로 노력할 때 마음이 외적인 대상으로 향하는 것을 막을 수 있다…… 만트라가 저절로 외워질 때까지 계속하여야 한다. 처음에는 노력을 기울여야 한다. 하지만 때가 되면 자연스럽게 이루어진다. 그 상태를 깨달음이라고 한다."

만트라수행은 세상일을 하면서도 하여야 한다. 유일한 궁극적인 상태에 도달하기 위해서 만트라를 이용할 수도 있고 참자아를 탐구할 수도 있다.

만트라를 외우고 있는 주인공이 누구인가를 안다면 만트라수행이 무엇인지를 알 것이다. 만트라수행을 하고 있는 주인공을 발견하기 위해 애쓴다면 만트라 자체가 참자아인 주인공이 될 것이다."

라고 대답하였다. (데이비드 갇맨 편집, 정창영 옮김 '있는 그대로' 참조)

그는 만트라를 통하여서도 진아에 도달할 수 있다고 대답한 것이다. 염불만으로도 견성한 이들이 많다. 우리나라의 수월스님은 천수경 특히 신묘장구 대다라니를 염송하여 견성한 것으로 알려졌고, 중국의 천태지의대사는 법화경을 독송하고 득도하였다고 알려졌다.

천태대사는 18세에 출가한 후 대현산에서 20일 동안 법화경을 독송하면서 수행하였고, 23세 되던 때는 혜사(慧思)대사 밑에서 법화경을 독송하여 선정삼매에 들고 공관을 닦았다고 한다. 특히 그는 27일 동안 법화수행을 하면서 용맹정진한 결과 법화삼매를 얻고 약왕보살본사품(藥王菩薩本事品)을 읽으며 큰 깨달음이 열렸다고 한다.

결국 화두참선을 하건 염불이나 진언을 하건 인연따라 자기에게 맞는 방법을 택하되 우리 육신과 생각하는 마음의 차원을 넘어서 참자아(眞我)를 찾는 것이 중요한 것이다.

16
길은 여러 개

부처님 성도 후 2550여 년 동안
많은 이들이 성불하고자 치열한 수행을 해왔다.
6년 고행하신 부처님같이 면벽하며 수행한 이들도 많고
염불로 주야 수행한 분들도 많았다.
혜능 같은 스님은 면벽 수행 하지 않고도
금강경의 한 구절에 마음이 크게 열렸다.

성도(成道)에 이르는 길은 여럿 있으나
인연 따라 택한 길을 끝까지 가야 한다.
한국의 대행스님같이 들로 산으로 다니면서
'주인공' 한마음에 되돌려 깨친 이도 있고
성철스님같이 화두참선으로 깨친 이도 있고
천태지자 대사같이 묘법연화경 독송으로
마음이 열린 이도 있다.

도원(道元) 스님은 참선 자체가 곧 깨침이라 한다.

부처님께서 "누구나 다 불성이 있다"고 하셨으니
그것을 굳게 믿고
부처님의 가르침에 의지하여 수행하다 보면
문득 마음이 크게 열리는 때가 온다.

부처님께서 묘법연화경을 독송하면
누구나 다 성불한다고 말씀하신 것을 믿고
나는 법화경을 독송한다.
그리고 가끔 참선을 한다.

17
개구리가 참선을 한다

시골에서 살다 보면
자연으로부터 많은 것을 배우게 된다.
한송이 꽃, 풀 한포기, 뛰어다니는 개구리
자연의 모든 것이 나의 스승이다.
'느림보' 개구리는
먹이를 찾아, 짝을 찾아
이곳 저곳 나름대로 분주히 다닌다.
연못 속을 이리저리 헤엄쳐 다니다
연못가로 나오면
멀거니 앞을 응시하며
숨을 고르며 쉰다.

개구리는 무심히 배로 숨만 쉬면서
미동도 하지 않고 참선을 한다.

밤이 되면 "개골 개골" 하며
염불을 한다.
마치 수행자가 "나무아미타불 나무아미타불" 하며
염불하듯 깊은 염불삼매에 든다.

우리집의 진돗개 '바우'도
따뜻한 봄날
나무 그늘 밑에서 한가롭게
참선을 한다.
이들은 매일 미친 듯 바쁘게 사는
우리들에게 '천천히' 살라고 가르친다.
입만 열면 '웰빙'이라고 말하면서
사람들은 여전히 정신없이 바쁘게
싸우듯 살아가고 있다.

그래서 나는 '참선하는 개구리'와
참선하는 '진돗개'가
우리의 스승이라고 말한다.
그들의 법문소리가
정신 나간 사람들에게는
'소 귀에 경 읽기' 인 것이다.

'천천히' 살며 깨어 있는 사람에게는

자연의 모든 것이 다 부처요
그들의 절실한 법문소리가
우뢰 소리처럼 들린다.

하루에 잠시만이라도 참선을 해본다.
가부좌를 틀고 허리를 펴고
눈은 감아도 좋고 반쯤 떠도 좋다.

분주한 마음을 쉬고 모든 상념을 관한다.
마음을 거두어 들여 호흡을 세어 보고
날숨만을 셀 수도 있고 들숨을 셀 수도 있다.
하나부터 열까지 세면 다시 하나부터 반복한다.

마음이 진정되고 나면 숨을 들여 마시면서
마음속으로 '나무묘법연화경' 하고
내쉬면서 '나무묘법연화경' 한다.
익숙해지면 숨을 들여 마시면서
'나무묘법연화경'을 한 번 하고
내쉴 때는 두 번 한다.
그리하여 정에 깊이 들게 되면 '나무묘법연화경'이나
수식(數息)을 모두 놔 버리고
그냥 자연스러운 호흡에 맡겨(隨息) 관한다.

마음은 바깥으로 대상을 따라 내달리려고 한다.
참선중에도 여러 가지 생각들이 일어났다 사라진다.
생멸하는 생각을 그냥 지켜보기만 하고
즉시 호흡으로 마음을 가져와서 호흡을 관한다.

떠오르는 생각들을 억지로 밀어내려 하지 말고
우리의 마음을 가급적 자연 상태로 그냥 놓아둔다.
항상 깨어서 그러한 마음을 지켜보기만 하면
마음이 스스로 그 참모습을 드러낸다.
우리의 생각은 구름같이 모였다 없어진다.
참선으로 구름 같은 생각이 멈추어 사라지면
파란 하늘이 보이듯이 한마음이 보인다.

18
흐르는 생각을 지켜보다

내가 처음 참선을 시작하였을 때
가부좌한 다리와 무릎이 몹시 아픈 것도 큰 고통이었지만
무엇보다 괴로운 것은 끊임없이 일어나는
여러 가지 생각과 망상이었다.
그렇게 많은 잡다한 번뇌와 망상이
수시로 일어났다 사라지는 것을 인식한 것도
그때가 처음이었다.

그러고 보니 일할 때도 잠시 쉴 때도 그러하고
밥 먹고 뒤볼 때도 한시도 생각은 멈추질 않는다.
잠자리에 들어도 번뇌와 망상은 끊이질 않고
꿈속에서도 나타나 우리의 마음을 어지럽힌다.

여러 가지 생각에 파묻혀 있을 때는

내가 생각과 번뇌에 시달리고 있는지조차
인식하지 못할 때가 많다.
화나는 생각에 미워하는 생각에
질투하는 마음에 휩쓸려 미친 듯한 행동을 하고나서
어느 정도 시간이 지나
마음이 다시 제자리로 돌아온 후가 되어야
비로소 번뇌 망상이 일진광풍과 같이
내 마음속을 휩쓸고 지나간 것을 뒤늦게 알게 된다.

장마가 나서 물살이 거세지고
폭류가 되어 흐르는 강물에 빠져
떠내려가면 목숨을 잃을 수 있다.
마찬가지로 생각과 번뇌 망상의 폭류에 빠져
휩쓸려 버리면 우리 마음은 죽을 듯 괴롭다.

참선중이나 일상생활 속에 행주좌와(行住坐臥) 어느 때라도
마치 강둑에 앉아서 흐르는 강물을 바라보듯이
우리를 괴롭히는 생각과 망상을 무심히 바라보면
그들은 더 이상 우리를 괴롭히지 못한다.

이와 같이 일어났다 사라지는
우리의 생각과 망상을
지켜보는 것이 바로 깨어 있음이요,

그것이 참선이고 정진이다.
그것이 가장 좋은 지계(持戒)가 된다.

집안에 어른이 계시면
아이들이 질서정연하게 행동하듯이
우리의 마음이 항상 깨어 있어
우리의 망상을 관(觀)한다면
우리 마음은 무심(無心)이 되어 평화롭다.

이 세상의 모든 현상처럼 생각도
생겼다(生), 머물다(住), 변하고(異), 드디어 소멸(滅)한다.
마명보살의 대승기신론에 의하면
망녕된 생각과 행동이 다 지나간 후(滅相)에야
비로소 그것을 깨닫는 사람은 수행이 낮은 범부·중생이고
생각이 수시로 변하는 것(異相)을 깨쳐 알고
모든 집착을 끊는 사람이 아라한이다.
생각의 머무는 모습(住相)을 밝게 알고 분별하는
번뇌·망상을 떠난 이가 보살이며
한 생각이 최초로 일어나는 마음자리(生相)을 훤히 보아
마음의 근원인 한마음을 깨친 사람을 부처라고 한다.
그때 비로소 그는 모든 미세한 번뇌·망상까지 모두 떠나서
항상 완전히 "깨어 있게" 된다.

네가지 진리와 사물의 참모습

19
나는 무엇인가

우리는 이 세상을 혼자 사는 것이 아니라 사람들과 더불어 부딪치며 살아가고 있다.

그리하여 사람들과의 관계 속에서 여러 가지 갈등과 고통을 받는다. 부부간, 부모와 자녀간, 친구지간, 상사나 부하 또는 동료지간, 이런 여러 관계의 사람들과 어울려 살면서 때로는 싸우고 때로는 사랑하고 협력하며 사는 것이다. 사람들과의 갈등과 그로부터 오는 고통의 근원은 결국 아상(我相). 즉 '내가 있다'는 생각, '나의 것'이라는 생각에 있다.

그리하여 부처님은 성도(成道) 후, 특히 초기에 우리의 마음속 깊이 자리잡고 있는 아상을 깨부수고 뿌리 뽑는 일에 많은 노력을 하셨다.

모든 사람들이 부처님 같이 곧바로 깨우쳐 '나'라는 생각이 없고 나와 남이 둘이 아님을 안다면야 참으로 좋으련만 시작 없는 시작부터 쌓여 온 업식(業識)으로 굳게 자리잡은 아상과 그러한 아상에 근거하여 관념적으로 생각하는 습성 때문에 그 일은 쉽지 않았다. 그리하여 방편으로 그들의 사고 습성에 따라 아상의 허구성을 드러내는 일에 많은 시간 애쓰셨다.

인연 따라 생겼다 인연이 다하면 소멸하는 모든 것은 결국 고정불변의 실체가 없다는 것을 보여 주셨다.

이것이 이른바 연기설법이다.

"이것이 있으므로 저것이 있고 저것이 소멸하므로 이것이 소멸한다."

로 간단히 표현된 것이 바로 초기의 연기설이다.

이것을 더욱 구체화시킨 것이 12인연법(因緣法)으로, 무명(無明)이 인연이 되어 행(行)이 있고, 행이 인연이 되어 식(識)이 있고, 식이 인연이 되어 명색(名色)이 있고, 명색이 인연이 되어 육입(六入)이 있고, 육입이 인연이 되어 촉(觸)이 있고, 촉이 인연이 되어 수(受)가 있고, 수가 인연이 되어 애(愛)가 있고, 애가 인연이 되어 취(取)가 있고, 취가 인연이 되어 유(有)가 있고, 유가 인연이 되어 생(生)이 있고, 생이 인연이 되어 노사우비고뇌(老死憂悲苦惱)가 있다는 것이다. 이것을 역순으로 해도 마찬가지이다. 즉, 무명이 멸하면 행이 멸하고 행이 멸하면 식이 멸하고…… 생이 멸하면 노사우비고뇌가 멸한다.

또 다른 접근은 존재하는 모든 것은 결국 여러 가지 구성 요소가 모여 이루어졌으며, 그 구성요소들이 시시각각으로 변하니 어느 것을 가리켜 고정 불변하는 실체인 나라고 할 수 없다는 것을 알게 하는 것이다.

밀란타 왕문경에 밀란타 왕이 인도의 고승 나가세나에게 이름이 무엇이냐고 물었다.

그러자 그 고승은,

"나는 나가세나라는 이름으로 알려져 있다.

그러나 이 나가세나라는 것은 사실 명칭이요 가명(假名)이요 단순한 이름일 뿐 그 이름에 실체적 개아(個我)가 없다."

고 답하였다.

그러면서 그는 왕이 타고 온 수레를 비유로 들어 '나'라는 것의 허구성을 설명하였다.

그리하여 차체, 수레바퀴, 멍에 등 수레의 구성요소들이 단순히 모인 것이 수레가 아니며 그렇다고 그러한 요소들을 떠나서 수레가 있는 것도 아니라는 것을 그 왕으로 하여금 깨닫게 한 것이다.

황아무개라는 이름은 그가 이 세상에 태어나서 죽을 때까지 같은 이름이지만 그 이름이 지칭하는 대상은 어릴 때 다르고 소년시절 다르고 청년시절, 노인시절 다 다르다.

키도 다르고 모습도 다르다.

뿐만 아니라 우리를 구성하고 있는 세포들은 계속 나고 죽음을 반복한다.

우리의 두뇌를 제외한 모든 세포는 2~3년이 지나면 다 재생되어 바뀐다.

예를 들어 췌장은 만 하루가 지나면 그전의 세포는 다 죽고 새로운 세포들로 구성된다고 한다. 그러니 그 췌장은 그전의 췌장이 아닌 것이다.

위장 벽의 세포는 3일마다 다 바뀌고 백혈구의 세포는 10일 내에 다시 새롭게 재생된다.

그러니 어제의 나는 오늘의 내가 아니다.

우리가 쓰는 언어는 토끼의 뿔이나 쥐뿔과 같이 전혀 현실적으로 존재하는 대상이 없는 말도 있지만, 대개의 경우 언어는 우리가 현실로 존재한다고 믿는 어떤 대상을 지칭하며 우리는 그 대상이 변하지 않는 실체성을 가지고 있다고 생각한다. 언어와 그 대상 간에는 대응하는 일치성(correspondence)이 존재한다고 생각하지만, 잘 살펴보면 그렇지 않다는 것을 나가세나는 밝히고 있다.

우리가 한국은 어떻고 미국은 어떻고 할 때 그 한국과 미국이 지칭하는 나라(國家)는 사실 요것이다 하고 실체를 잡아내기 어렵다.

미국, 즉 U.S.A는 독립 후 지금까지 그 이름은 같지만 그것이 지칭하는 대상은 150년 전과 지금이 다르다.

매년 새로운 사람들이 탄생하고 또 있던 사람들이 죽어 없어짐이 반복되어 몇 년 지나면 '미국인'이란 이름이 지칭하는 대상은 그 전과 전혀 다른 존재가 된다.

우리가 흔히 '일본놈들'하고 욕하지만 우리나라를 병탄했던 일본인들과 같은 사람들이 아닐 수 있다.

우리들의 생각하는 습성에 맞추어 이와 같이 분석적인 접근을 하긴 했지만 이러한 방법은 자칫하면 오히려 사람들로 하여금 더욱 생각과 관념의 늪 속에 빠뜨릴 위험이 많다.

부처님은 범부·중생들이 일반적으로 '나'(我)라고 믿고 있는 그 나는 진짜 내가 아니라고 부정함으로써 진아(眞我)를 깨닫게 하고자 한 것이다.

그리하여 부처님께서는 열반경에서 우리가 가지고 있는 그릇된 나라는 생각(我相)을 깨뜨리기 위하여 방편으로 내가 없음을 보이신 것이며, 사실 여래(如來), 법신(法身)의 입장에서는 상·낙·아·정(常樂我淨)이라 했다. 무상(無常)이 아니라 상(常)이며 무아(無我)가 아니라 아(我)이며 고(苦)가 아니라 낙(樂)이며 부정(不淨)이 아니라 정(淨)이다. 이것이 다름 아닌 열반 사덕(涅槃 四德)이다.

20
공(空)과 중도(中道)

틱낫한 스님이 쓴 '흰구름 옛길(Old Path White Clouds)'이란 책에 공과 중도에 관한 부처님 말씀이 잘 묘사되어 있어 여기에 요약해 보았다.

한때 제자들이 부처님께,

"세계란 무엇이며 법이란 무엇입니까?"

하고 여쭈어 물었다.

부처님께서,

"세계란 항상 변하며 해체되는

모든 삼라만상의 집합체이니라."

고 대답하시면서 모든 법(法)은 18계(안이비설신의 6근과 그것의 6식 그리고 그것의 대상이 되는 6경을 합한 것)에 다 포함된다고 하셨다.

이 18계는 생성, 변천 그리고 소멸을 거듭한다.

이어서 어떤 제자가

"모든 법은 공(空)하다고 하셨는데, 공이란 무엇입니까?"

하고 여쭈었다.

"모든 법은 독립된 불변(不變)의 개아(self)가 없으므로 공하다."

고 부처님이 대답하셨다.

공하다(empty)느니 꽉 찼다(full)느니 하는 것은 어떤 '것'이 비었고 찼다는 것으로서 모든 법이 공하다는 것은 불변의 개아가 없다는 뜻이다.

색수상행식(色受想行識), 즉 오온(五蘊)이 공하다는 것도 마찬가지 뜻이다.

"모든 법이 아(我)가 없어 공하다면 이러한 법은 실제로 존재합니까?"

하고 어떤 제자가 다시 질문하였다.

그러자 부처님은 옆에 있는 물이 든 그릇을 집어 들고 물었다.

"이것은 무엇으로 차 있는가."

제자는,

"물론 물로 가득합니다."

라고 대답하였다.

이어서 부처님이 물을 쏟아 버리고 다시 물었다.

"이제 이 그릇은 비었는가?"

제자는,

"물론 빈 그릇입니다."

라고 대답하였다.

그러자 부처님은 물은 없지만 대신 공기로 가득 차지 않느냐고 되물으시면서 비었거나 찼다는 것은 그릇 없이는 있을 수 없고 그릇이 존재함으로써 비어 있음과 비어 있지 않음도 있게 됨을 알려주셨다.

그러자 제자는,
"그러면 법은 실제로 존재합니까?"
하고 물었다.
부처님께서는,
"조심하여라. 언어나 문자에 잡히면 안 된다."
고 당부하시면서,
"법이 아(self)가 없는(empty) 현상이라면 그의 존재는 일반적으로 인식하는 그러한 존재는 아니다."
라고 대답하셨다.

물그릇은 지(地) 수(水) 화(火) 풍(風) 등 여러 가지 요소로 구성되어 있다. 그릇 속에는 흙도 들어 있고 물도 들어 있고 또 공기와 불도 들어 있다.

따라서 이들 요소를 물은 강으로, 흙은 땅으로 하는 식으로 모두 원위치로 뒤돌려 버리고 나면 아무것도 남는 게 없고 그릇은 존재하지 않는다.

이와 같이 연기법(緣起法)으로 보면 그릇은 독립적으로 존재할 수 없는 것이다. 그릇은 다른 모든 법에 의존해서만 존재할 뿐이다.

하나의 법의 존재는 곧 다른 법의 존재를 의미한다.

"이 속에 저것이 있고 저 속에 이것이 있느니라.

예를 들면 파도는 바닷물이고 바닷물은 파도이다.

지금 내가 설법하고 있는 이 법당에는 시장(市場), 물소, 마을은 없지만 연기의 입장에서 보면 시장, 물소, 마을의 존재 없이 이 법당은 존재할 수 없다.

이것이 없으면 저것이 없고 저것이 있으므로 이것이 있는 것, 이것이 공(空)의 근본 뜻이니라.

모든 법의 존재도 이와 같다. 모든 것은 다른 모든 것과의 상호의존 관계 속에 존재한다."

하고 부처님께서 자세히 설명하셨다.

이 물그릇을 깊이 관찰하면 우리들은 온 우주를 볼 수 있다. 이 그릇이 곧 우주를 포함하고 있다.

이 그릇이 갖지 않은 것은 단 한 가지뿐인데 그것은 바로 독립된 불변의 개아(個我)이다.

따라서 어떠한 법, 즉 삼라만상은 다른 법에 독립하여서는 존재할 수 없고 독립된 아(我)가 없다.

이것이 공(空)의 의미이며 공은 아가 없음이다.

우리 인간을 구성하는 오온, 즉 색수상행식(色受想行識)도 마찬가지이다. 색이 없으면 수상행식도 없고 수가 없으면 다른 것들도 없다. 18계도 이와 같다.

이것은 허무주의인 단견(斷見)이 아니다.

이 세상에는 두 가지의 그릇된 견해(邪見)가 있다.

하나는 유(有)의 견해이고 다른 하나는 무(無)의 견해이다. 위에서 내가 설명한대로 모든 존재의 실상(實相: the true nature of reality)을 알면 이러한 사견, 즉 변견(邊見)에 떨어지지 않는다.

정견(正見)을 가진 사람은 모든 법의 생멸과정을 바로 알고 유무(有·無)의 관념에 흔들리지 않는다. 고통이 생기면 그렇게 알고 그것이 소멸하면 또 그렇게 알 뿐이다.

상견(常見: 有의 見)과 단견(斷見: 無의 見)은 둘 다 변견(邊見: extreme view)이다. 연기(dependent co-arising)를 알면 변견을 초월하며 중도(中道)에 든다. 유무의 관념은 실상(實相)과 맞지 않으며 실상은 이러한 관념을 초월해 있다. 깨우친 사람은 유무의 관념을 초월한 사람이다.

생사(生死) 또한 유무와 마찬가지로 관념일 뿐이다.

상대적인 관념 수준에서는 생과 사가 있지만 절대적인 관점에서 보면 모든 법은 그 본질상(by nature) 불생불멸(birthless and deathless)이다. 보리수는 씨앗에서 싹이 트고 자라서 나무가 되었다. 사람들은 보리수가 땅에서 나오기 전에는 보통 존재하지 않았다고 한다.

그러나 어떠한 것도 무(無)에서 나오지 않는다.

보리수는 씨앗에서 나왔으니 씨앗의 연속에 불과하고 그것의 변형(transformation)에 불과하다.

그러므로 보리수의 성질(nature)은 불생(不生)이다.

보리수가 뿌리내린 후 씨앗은 죽었는가?

일반적으로는 그렇다고 보지만 사실은 그렇지 않다. 죽는다는 것은 존재, 즉 유(有)에서 부존재(不存在), 즉 무(無)로 돌아가야 하는데 씨앗은 그 형태만 바뀌었을 뿐 죽은 것이 아니다.

그러므로 불멸이다.

모든 법은 다른 법으로 형태만 바꿀 뿐 불생불멸이다.

생사(生死)와 생멸(生滅)은 다만 우리가 편의상 만들어 낸 관념일 뿐이다.

그리하여 모든 법은 비어 있는 것도 아니요 찬 것도 아니며 생(生)도 아니고 사(死)도 아니다. 깨끗함도 아니요 더러움도 아니며, 느는 것(增)도 아니요 주는 것(減)도 아니요, 옴도 아니요 감도 아니다.

이러한 것은 모두 관념일 뿐이다. 이와 같이 모든 법의 공성을 알면 모든 차별적 관념을 초월하여 실상(the true nature of all things)을 알 수 있다.

불생불멸은 바다와 그 위에 일어났다 꺼지는 파도를 보고서도 잘 알 수 있다.

파도도 물이고 바다도 물이다.

파도가 일어났다 꺼지는 것은 형태의 변화일 따름이지 같은 물임에는 틀림없다.

파도는 바닷물에서 생겼지만 물이며 꺼졌어도 그것 역시 물로서 물인 바다로 다시 돌아갈 뿐이다.

만일 파도가 이를 안다면 죽음을 두려워하고 죽는다고 근심하지 않는다.

임제선사는

"수행자들이여,

부처가 되고자 한다면 일체만물을 따라가지 말라.

마음이 생기면 갖가지 사물과 현상이 생기고

마음이 없어지면 갖가지 사물들이 없어지니
한마음이 나지 않으면 모든 것에 허물이 없다.
부처도 없고 법도 없다.
설혹 있다하더라도 모두가 명칭과 말,
개념과 문장일 뿐이니……
이것은 병에 따라 약을 쓰는 것과 같다.
눈앞에 소소영영하게 비추어
느끼고 듣고 알며 반조해보는 그것이
모든 것에 명칭과 개념을 붙이는 것이다."
라고 말하였다.

사물의 본성과 실상은 개념과 언설로는 포착할 수 없고, 그러한 개념과 명칭을 만들어내는 우리의 한마음을 보라는 것이다.

21
마음

불교만큼 마음에 대하여 많은 논의를 한 종교도 없을 것이다. 그 만큼 마음은 불법에 있어 매우 중요한 위치를 점하고 있기 때문이다.

서역에서 온 달마가 제자가 되고 싶어 찾아온 혜가에게 불법에 입문하려는 동기를 묻자,

"저는 마음이 편안치 않습니다.

이 마음을 편안하게 해 주십시오"

하고 혜가가 대답했다.

그러자 달마는,

"그 편치 않은 마음을 가져와 보시오.

그러면 편안하게 하여 주겠소"

라고 말했다.

혜가는 그 마음을 찾아보았지만 도저히 찾을 수가 없었다. 그는 그것을 아는 순간 깨우침을 얻었다고 한다.

달마의 그 한마디가 계기가 되어 지금껏 안과 밖으로 대상을 쫓아

헤매던 혜가의 마음은 비로소 회광반조(回光返照)하게 되었으리라. 그는 스스로 내면을 관조함으로써 번뇌심을 잠재울 수 있었다.

우리는 마음의 작용을 통해 시시각각 마음의 존재를 체험한다. 남을 미워하는 마음, 그리워하는 마음, 괴로워하는 마음 등 우리의 마음은 작용에 따라 여러 가지 모습으로 우리에게 그 존재를 확인시켜 주지만, 대상이 없으면 그 작용도 쉬고 그 마음이 있는지조차 모른다. 이와 같이 마음이 대상에 따라 이리저리 날뛰는 것은 마치 원숭이가 이 나무, 저 나무로 옮겨 뛰어 다니는 모습과 같다.
이것이 우리 중생심(衆生心)이다.
대상에 따라 끊임없이 움직이는 우리의 마음은 마치 닥치는 대로 붙들고 빨아대는 어린아이들과 같다고 할까.
아무것이나 손닿는 대로 입에 넣고 빠는 어린아이들을 달래고 보호하기 위하여 만들어낸 것이 가짜 '젖꼭지'이다. 아이들이 그것을 빨고 있는 한 다른 위험하고 더러운 물건을 빠는 일은 없으니 부모들은 안심한다.
'화두(話頭)'라는 것도 그런 것이리라.
이것저것 닥치는 대로 붙들고 이 생각, 저 생각 번뇌하는 우리의 마음을 우선 화두 하나만을 붙들고 있게 함으로써 다른 백 가지 생각과 번뇌를 차단시키는 것이다.
한 나뭇가지에 불을 붙여 장작불을 다 태우듯이 마지막에는 화두를 붙드는 그 마음조차 뛰어 넘어 자성청정심(自性淸淨心)을 드러낸다.
이런 방편으로서의 화두선(話頭禪)은 어떤 의미에서는 번뇌로써 번뇌를 극복하려는 것이어서 매우 어려운 길이 아닐 수 없고 화두선을 하면서 오히려 건강마저 해치는 분들이 많다고 한다.

마음에 관하여 서양의 심리학보다 더 철저히 분석한 것이 불교의 유식학(唯識學)이다.

인간의 의식의 기초가 되는 것을 '식'(識 vijnana)이라 부르고 이 식은 일반적으로 여덟 가지로 나눈다.

이른바 외계의 사물을 인식하는 기능은 눈, 귀, 코, 혀, 몸의 5가지 감각 기관인 이른바 전오식(前五識)에 의하여 이루어진다. 그리고 이러한 인식기능을 따라 더욱 심층으로 내려가면 6식, 7식과 8식을 만나게 된다.

가장 심층에 있는 것이 아뢰야식이란 8식인데 장식(藏識)이라고 부른다. 모든 식의 근원이 되는 8식은 우리의 생각이나 행동의 근원이 되며 동시에 그 생각과 행동의 결과를 그 속에 다 갈무리한다. 그리하여 8식을 일명 종자식(種子識)이라고 부르며 또 생각과 행동의 결과를 다 기록하고 보존하기에 장식이라고 부른다.

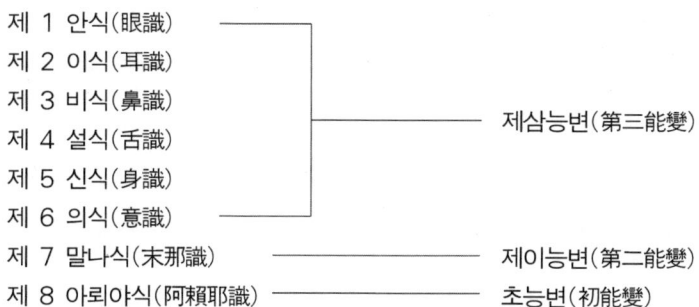

7식은 일명 사량식(思量識)이라 하는데, 나를 중심에 두고 이것저것 따져 생각하는 기능이며 아집(我執)과 아상(我相)이 도사리고 있는 곳이다.

6식은 전 5식을 통하여 인지된 것을 종합하여 판단하는 지각 작용이다. 지성, 감성, 감정, 의지, 상상, 연상 등 우리가 보통 '마음'이라 부를 때의 그 마음이 6식에 해당한다.

표층에서 심층으로의 8식까지 인식하는 마음을 구분했지만 거꾸로 우리 인식에 영향을 미치는 심층에서 표층으로의 작용면을 삼능변(三能變)이라 한다.

동일한 대상에 대하여 사람마다 달리 인식하는 것은 그 사람의 심층에 있는 8식의 영향 때문이다. 그리고 그 8식은 그 사람이 과거부터 쌓아온 경험의 총체(總體)이다.

과거의 경험이 현재의 내 생각과 행동을 지배하고 과거와 현재의 생각과 행동이 미래의 내 생각과 행동을 지배한다. 수행이 극에 달하여 나와 대상에 대한 집착을 버리고 모든 것이 공(空)함을 알아 진여자성을 깨우치면 우리의 마음에 일대 전환이 일어난다.

제 6식이 전환하여 묘관찰지(妙觀察智)가 되고 그것을 계기로 제 8식이 대전환을 하여 대원경지(大圓鏡智)가 되고, 제 7식은 평등성지(平等性智)가 되며, 전 5식은 성소작지(成所作智)가 된다.

마음이 정화되었으니 제 6식은 모든 것을 있는 그대로 보는 지혜를 얻게 되고 청정하여진 제 8식은 맑은 거울 같이 모든 사물을 있는 그대로 비추게 된다. 제 7식은 아상(我相)이 없으니 나와 남을 평등하게 보며 전 5식은 마음먹은 대로 여러 가지 일을 이루어낸다고 한다.

이때 비로소 우리는 전도(轉倒)된 세계관에서 해방되어 이 세상을 실상(實相)으로 보게 된다.

깨우치고 난 고승이 "산은 산이요, 물은 물이다."라고 할 때의 그 산과 물은 중생심으로 보는 산과 물과는 전혀 다르다.

우리 동네 이웃에 사는 젊은 부부가 하루는 부부싸움을 하게 되었다. 사연인즉 그 날은 남편이 모처럼 쉬는 날이어서 어린 아이들과 함께 인근의 용문사에 놀러가기로 하였다는 것이다. 짐을 챙기며 외출 준비를 하던 부인이 남편이 여기저기 어질러놓은 물건들을 치우고 있는데, 남편은 손 하나 까딱하지 않고 소파에 비스듬히 앉아 있는 것을 보자 '왜 나만 혼자서 이 고생을 해야 하는가?'하는 의식이 들면서 버럭 짜증을 내게 되었다. 그러자 남편은 '매일 처자식을 먹여 살리기 위하여 밤낮 고생하며 애쓰고 있는데 마누라가 집에서 바가지만 긁고 있다'는 의식이 들자 같이 화를 버럭 내면서 부부싸움을 하게 되었다는 것이다. 그 부부는 결국 '의식'이라는 허망하기 짝이 없는 존재에 의하여 꼭두각시 같이 놀아난 꼴이 되었고, 그 결과 화창한 봄날의 행복했을 외출은 못하고 하루 종일 집안에 틀어박혀 속상한 마음을 달래며 하루를 보내게 되었다.

이 부부는 오랫동안 연애하다 어렵게 결혼한 부부이다. 부인은 남편이 그렇게 짜증을 내며 칠 것처럼 달려드는 것을 처음 보게 되었고 그의 결혼 전과는 너무나 다른 모습에 아연실색하며 크게 실망하였다고 한다. 결혼 전에 그런 모습을 보았더라면 아마 결혼을 하지 않았을 것이라고 했다. 남편도 부인의 짜증내는 그 전과 다른 모습을 보고 놀라기는 마찬가지였을 것이다.

　사람은 누구나 다 탐내고, 화내고, 지혜롭지 못한 성향을 평상시에는 무의식 속에 깊숙이 묻어둔 채 살아간다. 환경이 좋은 보통 때는 전혀 모르고 있다가 어떤 계기가 있으면 그러한 무의식적 충동이 부지불식간에 튀어나와서 온갖 문제를 만들며 우리를 괴롭힌다. 그러니 불교수행을 통하여 6식과 7식은 말할 나위도 없고 저 무의식 덩어리인 8식까지도 완전히 정화하여야 그러한 무의식을 정복할 수 있는 것이다.

　이러한 문제에 대한 부처님의 좀더 근본적인 처방은 아함경시대 이후부터 본격적으로 등장하지만 아쉬운 대로 적용할 수 있는 처방들은 아함경에서 만날 수 있다. 잡아함경에서 "……비구는 눈으로 색을 보아도 괴로워하지 않고 즐거워하지도 않으며 평정한 마음에 머물러 바른 생각과 바른 지혜를 가진다. 귀로 소리를, 코로 냄새를, 혀로 맛을, 몸으로 촉감을, 의식으로 사물을 분별할 때 괴로워하지도 않고 즐거워하지도 않으며 평정한 마음에 머물러 바른 생각과 바른 지혜를 가진다."라고 부처님께서 설하신 것은 위의 부부싸움에 적용될 수 있는 적절한 처방이다.

　항상 깨어 있는 마음을 유지한다면 '왜 나만 혼자서 애써야 하는가?'하는 의식이 들 때 그것을 알아차리고 즉시 '아니야 그것은 내가 하는 것이 도리야.'고 하던가 아니면 '그이는 매일 밤늦게까지 일하느라 얼마나 피곤했으면 저렇게 손가락 하나 움직이지 못하고 있을까.'라고 강한 의식으로 앞의 무의식적 충동을 제압할 수 있을 것이다.

　남편은 남편대로 '부인은 여자의 연약한 몸으로 아이 키우며 집안일 하느라 얼마나 고생스러우면 저리 짜증을 내는가.'하고 즉시 이해하는 마음을 낸다면 서로 싸울 일이 없을 것이다.

깊이 수행한 지혜로운 사람은 늘 깨어 있는 마음을 유지하므로 그러한 무의식적 충동과 생각들이 일어나는 즉시 알아차리고 그에 속아 놀아나지 않지만 범부·중생들은 그러한 무의식의 충동과 허망한 생각들에 놀아나 미친듯한 언행을 하고나서 제정신이 돌아와야 그것을 알고 후회하지만 이미 소 잃고 외양간 고치는 격이다. 후회하고 반성하면 그나마 다행이지만 많은 사람들은 자기들이 무엇을 잘못했는지조차 모른 채 그냥 충동적으로 살아간다.

우리들은 식(識)의 장단에 따라 꼭두각시 춤을 추며 매일 매일 살고 있다. 식이 쓰고 연출하는 각본에 따라 어릿광대같이 울고 웃고 싸우고 사랑하고 일하며 연극하듯 살아간다.

이것이 우리 중생들의 사는 모습이다. 우리의 삶은 식이 그려놓은 한 폭의 그림이요, 그가 연출하는 한바탕 연극이다. 구름 같은 식의 장막을 거두어 버리면 파란 하늘 같은 참마음이 드러난다.

무의식을 정복하고 모든 의식의 장막 넘어 참마음을 본 사람이 깨친 보살이요 붓다이다. 그는 스스로 쓰고 연출하는 각본대로 인생을 산다. 그는 이제 더 이상 꼭두각시가 아니다.

22
마음의 두 가지 창(窓)

　마명(Asvaghosha)보살의 대승기신론은 우리 인간의 마음의 본질과 그 마음이 우리의 일상생활을 통하여 나타나는 여러 가지 모습과 작용의 구조를 명쾌하게 분석해 보여주고 있다. 그 기신론을 우리나라의 원효대사께서 해석해 놓으신 것이 대승기신론소인데 너무나 글이 아름다울 뿐 아니라 우리가 이해하기 쉽게 해석하여 세계적으로 유명한 세 개의 논소 중의 하나로 꼽힌다. 원효대사의 대승기신론소를 이기영 교수가 현대적 언어로 해석해 놓은 것이 원효사상연구라는 책으로 나왔는데 그것 역시 대단히 훌륭한 텍스트이다.

　대승기신론에 의하면 우리는 누구나 다 일심(一心), 즉 '한마음'을 가지고 있다. 여기에서 사용하는 하나라는 것은 여러 개 가운데 하나라는 뜻이 아니고 아직 나누어지기 전의 전체인 하나라는 뜻이다. 그러므로 일심(一心)을 하나의 마음이라고 옮기기보다는 '한마음'이라고 부르는 것이 더욱 좋을 것으로 생각된다.

　이 한마음은 여래의 씨앗을 내포하고 있으므로 여래장(如來藏)이라고도 부른다. 이러한 한마음은 두 가지 측면이 있는데, 하나는 참되고 한결같은 마음(心眞如門)이고 다른 하나는 수시로 생겼다 사라지는 마음(心生滅門)이다. 우리가 일상적으로 경험하는 마음은 수시로 생겼다 소멸하는 마음, 즉 생멸심(生滅心)이므로 한마음이 생소하게 느껴지지만 생멸심과 진여의 마음(眞如心)이 함께 있는 한마음은 누구나 다 가지고 있다.

이와 같이 한마음이 두 가지 측면을 가지고 있다는 것은 마치 바다가 고요하고 움직임이 없는 면과 바람으로 파도가 일어났다 사라지는 생멸의 두 가지 측면을 가지고 있는 것과 흡사하다. 그들은 설명의 편의상 나누어 보는 것이지만 서로 별개의 것이 아니듯 참되고 한결같은 마음과 수시로 생겼다 소멸하는 마음은 전혀 별개의 것이 아니다. 그렇다고 완전히 같은 것도 아니므로 한마음이란 실로 오묘한 것이다. 바람이 자면 파도는 소멸하고 바다는 면경지수와 같이 고요하다. 그러나 불현듯 바람이 불면 그 고요하던 바다는 다시 파도 그 자체가 된다. 마찬가지로 우리의 한마음도 움직이면 생멸심이고 그 움직임이 멈추고 고요하고 참되면 진여의 마음이 된다.

바다가 더러운 것, 깨끗한 것 일체 모든 것을 다 포용하여 여러 가지 모양을 다 드러내듯이 우리의 한마음도 매우 신통한 능력을 다 가지고 있으며 계기만 있으면 신통묘용의 능력을 발휘한다. 한마음도 참과 거짓, 깨끗함과 더러움을 다 내포하고 있으며 무엇을 신통하게 아는 능력과 온갖 것을 만들어내는 능력을 발휘한다. 그리하여 비행기도 만들고 민주주의라는 제도도 만들고 우리가 재미있게 보는 영화도 만든다. 참됨이 완성되면 부처나 보살이 되기도 하고 거짓됨이 지배하면 타락한 인간이 되기도 한다.

한결같고 참된 마음은 절대적 차원인데 비하여 생멸의 마음은 상대적이며 차별적인 현상적 차원을 말한다. 그러므로 한마음은 실상(實相)으로서 절대적인 면과 현상적이며 상대적 면을 동시에 가지고 있다. 그러므로 적멸의 열반과 생멸의 생사계가 하나이며 서로 다르지 않다고 하는 것이다. 깨쳐 한마음, 진여의 측면을 보면 열반이지만 미망 때문에 그것을 보지 못하고 생멸하는 마음에 머물면 생사윤회의 바다에 빠져 헤어나오지 못하는 것이다. 진여의 마음은 언설로 설명하기가 매우 어렵다. 그리하여 기신론은 이 절대적 차원의 마음에 대하여 상대적 언설로 설명을 시도하고 있다.

그것이 이른바 사구부정(四句否定)이다.

즉, 진여자성(眞如自性)은 있는 것도 아니요(非有相) 없는 것도 아니고(非無相), 있음과 없음 둘 다도 아니요(非有無俱相) 또한 그 둘 다 아닌 것도 아니다(非非有相 非非無相)라는 것이다. 이러한 우리의 진여의 마음은 첫째 모든 더러움이 없으며 둘째 모든 공덕을 다 가지고 있다. 모든 공덕을 다 가지고 있다는 것은 그 마음의 신묘하게 모든 것을 아는 능력(神解性)과 능히 아름답고 훌륭한 사물과 세계를 창조하는 능력(能作一切勝妙境界)을 말한다. 우리의 한마음은 형상은 없지만 그 작용은 그야말로 전지전능(全知全能)한 것이다. 우리 인간이 이룩한 눈부신 과학과 문화예술도 바로 우리의 마음이 만든 것이다.

이러한 우리의 전지전능한 마음이 왜 현실세계에서는 그 능력을 제대로 발휘하지 못할 뿐만 아니라 오히려 우리를 괴롭히는 파괴적인 방향으로 작용하는가?

그것은 우리의 어두운 마음(無明) 때문이다.

고요하고 참된 우리 마음의 바다에 "홀연히" 무명의 바람이 불면 생멸하는 마음이 파도처럼 일어나 우리를 더욱 어둡게 하고 더럽게 하고 괴롭게 만든다. 마음이 고요히 적멸의 상태에 있어 평화로우면 바로 극락이고(如得寂靜 卽是極樂) 마음에 동요가 일어나면 고통이 있게 된다(動則苦也). 무명의 바람으로 생멸하는 마음이 생겨나지만 그것은 여래장을 근거로 하여 생겨난다. 항구 불변하는 진여의 마음과 생멸하는 마음이 더불어 있는 것을 아뢰야식이라고 한다. 다시 말하면 제 8식인 아뢰야식은 깨끗하고 움직이지 않는 참된 것과 더럽고 생멸하는 것을 모두 함께 가지고 있다. 청정무구하고 참되고 한결같은 측면을 떼어내서 제 9식인 무구식, 즉 아말라식이라 부르기도 한다.

이러한 아뢰야식이라는 우리 마음의 심층에는 여래의 씨앗(如來藏)이 있다. 그 여래장을 근거로 하여 여러 가지 생각이 일어났다 소멸하기도 하며(生滅心) 여래장 자체는 지혜(覺)의 상태이지만 그것은 어두움(不覺)에 가려 동요를 시작한다.

인간은 여래장의 지혜로 모든 사물과 현상에 대하여 차별의식을 버리고 평등하게 대하며 또한 미망과 무명(不覺) 때문에 일체의 사물과 현상을 차별하고 그에 얽매어 들어가기도 한다. 우리의 마음인 아뢰야식은 이와 같이 깨친 상태, 즉 지혜의 측면과 깨치지 못한 미망의 측면을 다 가지고 있는데, 우리가 그러한 마음을 어떻게 쓰느냐에 따라 범인도 될 수 있고 붓다도 될 수 있는 것이다.

파란 맑은 하늘에 홀연히 먹구름이 생기듯이 전지전능의 모든 능력을 갖춘 진여의 우리 마음에 홀연히 무명이란 바람이 불면 어느덧 우리 마음은 타락과 오염, 즉 불각(不覺)의 양상을 보이게 된다. 그리하여 그러한 전지전능의 능력은 제한되고 모든 현상을 차별하는 집착과 괴로움으로 가득한 범부의 마음이 된다. 일단 무명(無名業相)이 생겨, 인식하는 나라는 주관(能見相)을 형성하고 그 주관이 형성되면 모든 대상이 되는 사물과 현상계(境界相)를 나타낸다. 인식주관은 그러한 모든 현상에 대하여 이것이다 저것이다 하는 식으로 분별(智相)을 하고 분별을 한 다음에는 이것은 좋은 것이다 저것은 괴로운 것이다 는 등 끊임없는 망상(相續相)을 일으킨다.

망상 뒤에는 그러한 대상에 대하여 집착(執取相)을 하게 되고 저것은 웰빙음식이다 하는 식으로 이름과 상(相)을 내세워(計名字相) 더욱 집착하게 된다. 이러한 집착으로 선악의 여러 가지 업(業)을 짓는 행동(起業相)을 하게 되고 그러한 행동으로 고통스러운 과보(果報)를 결과(業繫苦相)로서 받게 된다. 이러한 프로세스가 우리 범인들이 일상생활에서 겪는 어두운 마음의 작용 과정이다.

위의 과정을 기신론은 삼세육추(三細六麤), 즉 세 가지 미세한 번뇌와 여섯 가지 거친 번뇌라고 부른다. 세 가지 미세한 번뇌인 무명과 인식하는 나라는 주관, 그리고 마음의 투영인 현상과 사물은 아뢰야식인 본식(本識)에 해당하고 여섯 가지 번뇌 가운데 분별의 작용을 의미하는 지상(智相)은 제 7식인 말나식에 해당한다고 한다.

끊임없이 일어나는 망상과 대상에 대한 집착 등 여섯 가지 번뇌심의 나머지는 여섯 가지 식(六識)의 작용과 그 과보에 해당한다고 본다. 사물과 현상에 대한 분별과 그러한 분별을 계속 이어나가는 망상은 우리가 갖는 나에 대한 집착(我執)을 형성하며 대상에 대한 집착과 사물과 현상에 대하여 새로운 모양과 이름을 붙이며 더욱 집착하는 것은 대상에 대한 집착심, 즉 법집(法執)을 형성한다. 그러한 아집과 법집이 지혜롭지 못한 우리의 행동과 그 행동의 과보인 고통을 가져온다. 이러한 과정은 유식학파가 주장하는 이른바 식의 전변(識轉變)과 크게 다르지 않다.

우리 마음인 아뢰야식은 근본 무명의 바람이 불어 때가 되면, 예컨대 탄생 또는 환생과 같은 계기가 되면 세단계의 식의 전변을 거친다고 한다. 첫 번째의 단계(vipaka)는 아뢰야식에 저장된 과거 행위의 모든 결과가 씨앗이 되고 그 씨앗이 성숙하여 발동하는 단계이다. 이 단계에서는 우리가 생각하고 느끼고, 인식하는 등 모든 감수·인식 기관과 기능을 발전시킨다. 두 번째 단계(manana)는 제 7식을 전변시키는 단계이다. 아뢰야식에 근거하여 인식하는 주체인 말나식을 형성하는데 나라는 생각, 나를 사랑하고 나를 나타내려는 마음이 모두 다 이에 근거한다. 세 번째의 식전변(visaya-vijnapti)은 대상세계, 즉 육진(六塵)과 그것을 인식하고 느끼는 육식(六識)을 형성하는 단계이다.

유식학파는 아뢰야식인 우리의 근본마음만이 실(實)이고 다른 모든 것은 그것이 만들어낸 것으로서 실체성(實体性)이 없다고 한다. 이러한 입장은 기신론에서도 같다. 우리의 한마음이 유일한 실상(實相)이고 나와 대상 일체 모든 것은 모두 그 마음이 만들고 그 마음에 의하여 인식되어진 일종의 가상세계라는 것이다.

그러므로 욕심으로 만들어진 세계(欲界), 물질과 형상의 세계(色界), 그리고 관념의 세계(無色界)인 삼계가 모두 비실재인 가(假)이며 오직 마음이 만든 것이라고 하는 것이다(是故三界虛僞唯心所作). 모든 사물이 마음 따라 생각이 만들어내는 것이고, 모든 분별은 곧 자기 마음을 분별하는 것이다. 모든 현상은 거울 속에 비친 상(相)과 같이 실(實)이 아니며 오직 마음일 뿐이라는 것이다.

그러므로 마음이 생하면 즉시 모든 사물과 현상이 생기고 마음이 사라지면 즉시 그러한 사물은 사라진다. 그릇된 마음가짐만 제거하면 모든 허망한 현상계도 즉시 사라진다(離心 則無六塵境界). 사람이 죽어 오온이 해체되면 8식인 아뢰야식이 다시 윤회전생하여 위의 식전변의 과정을 반복한다고 한다.

이러한 아뢰야식의 비밀스러운 기본 구조와 작용은 범부·중생의 지혜나 아라한 등 이승(二乘)의 얕은 지혜로는 깨달을 수 없고, 법신(法身)이 무엇인지 아는 보살조차 그 일부만 겨우 안다고 한다. 오직 붓다같이 완전히 깨친 자만이 그것을 다 알 수 있다.

참으로 우리 인간의 마음은 오묘하여 어느덧 홀연히 무명의 바람을 일으켜 고요한 바다와 같은 우리의 진여심(眞如心)에 파랑을 일게 하여 온갖 망상과 번뇌의 고통을 맛보게 하지만, 또 한편으로는 우리 한 마음이 본원적으로 가지고 있는 청정무구하며 전지전능한 그 마음의 본성은 조금도 변함이 없고 항상 끊임없이 정화(淨化)의 영향과 작용(淨法熏習)을 하고 있다.

그러므로 망상과 번뇌로 괴로워하는 사람이 어느 한순간 수행의 길로 들어가 깨침을 얻고 미혹의 세계에서 벗어나게 되는 것이다. 우리가 본원적으로 갖추고 있는 진여심, 즉 불심은 우리를 깨침의 세계로 인도하는 모든 정화작용의 근본이 되고 무명과 내가 인식주체라는 생각인 업식(業識)과 육진경계(六塵境界)는 우리를 미망의 길로 들어가게 하는(染法薰習) 우리 마음의 오염원인 것이다.

인간은 이러한 두 가지의 힘, 즉 우리 마음을 정화시키고 깨침의 세계로 인도하는 힘과 반대로 우리 마음을 오염시키고 미혹의 세계로 타락시키려는 힘의 중간에 끼어 있는 존재라고 볼 수 있다.

현실적으로 그러한 힘의 균형은 사람마다 다르고 또한 그가 처한 인연 상황에 따라 오염의 힘이 더욱 증강되기도 하고, 그 반대로 심원(心源)으로 향하는 정화의 힘이 더욱 큰 힘을 얻기도 한다. 참되고 한결같은 마음의 힘이 지배하면 깨친 성인이 되고 무명의 오염된 마음의 힘이 지배하면 미혹(迷惑)한 범부·중생이 되고 만다.

인간이 인간의 본원적 열반의 세계 즉 낙원의 세계에서 어떻게 고통의 세계로 타락하는가가 단테 신곡의 지옥 이야기가 되기도 하고 구약성경 창세기의 드라마와 같은 스토리가 되기도 한다. 역으로 고통의 세계에서 어느 순간 발심하고 수행 정진하여 드디어 큰 깨침을 얻고 해탈 성불하는 과정이 바로 역사적 인간 고오타마 붓다의 휴먼 드라마인 것이다.

우리 인간의 마음에는 두 개의 창(窓)이 있다.
하나는 참되고 한결같은 마음(眞如心)이라는 심원(心源)에 이르는 길이고, 다른 하나의 창은 미혹과 고통에 이르는 길인 생멸하는 마음(生滅心)이다. 어떤 문을 닫고 어떤 문을 열어야 하는가는 자명하다. 우리는 지금 이 순간 바로 발심하여 심원으로 가는 길로 나아가야 한다.

삼세육추(三細六麤)의 타락한 마음을 정화시켜 마음의 고향으로 돌아가려면 지금이라도 수행을 시작하여야 한다.

기신론은 그 수행법으로 지관법(止觀法)을 제시하고 있다. 우리 마음의 본성품은 고요하며 비추는, 즉 적조(寂照)의 속성을 가지고 있다. 고요하면서도 항상 비추는 것(寂以常照)이 관(觀)의 방법이고 비추면서도 항상 고요한 것(照以常寂)이 지(止)의 방법이다.

깨침의 세계(悟界)는 극락(極樂)이고 미혹의 세계(迷界)는 지옥(地獄)이다. 우리가 살고 있는 이 현상계를 진여심의 눈, 즉 깨침의 지혜로 보면 그것이 중도 실상인 열반의 세계이고 미혹한 중생의 생멸심의 눈으로 보면 그것은 고통의 차별의 세계가 된다. 진여심으로 아는 것이 바로 궁극적 진리(眞諦)이고 생멸심으로 아는 것이 세속적 진리인 속제(俗諦)이다. 금강경도 그러하지만 특히 법화경은 진여심의 눈으로 보아야 제대로 이해할 수 있다. 법화경은 흔히 본문(本門)과 적문(迹門)의 둘로 나누어 보는데, 적문은 역사적이며 상대적인 수준의 설법인데 비하여 본문 8품은 특히 절대적 수준의 법문이다. 그러니 본문은 상대적 수준과 달리 시공을 초월한 사건과 이야기들로 구성되어 있다.

일반적 상식으로는 이해할 수가 없고 오직 진여심의 눈으로 보아야 그 올바른 뜻을 이해할 수가 있는 것이다. 화엄철학의 말을 빌리면 진여심은 이(理)이고 생멸심은 사(事)가 된다. 한마음은 이와 사가 원융하게 합쳐 있는 것이며 그 어느 것 하나 버릴 수가 없는 것이다. 현상계인 사(事)에 즉(卽)하여 진리인 이(理)가 있고 궁극의 진리 속에 바로 현상계가 있으니 그러한 것이다.

원효스님은

"뭇 생명 있는 자들의 감각적 심리적 기관(六根)은 한마음(一心)에서 생겨난 것이지만 그것은 도리어 그 스스로의 근원을 배반하고(而背自源) 뿔뿔이 흩어져 부산한 먼지를 피우기에 이르렀다. 여섯 가지 번뇌가 이로부터 나온다. 이제 이 부산한 먼지들을 일으키는 번뇌의 마음을 한 곳으로 집중시켜 그 본래 우리 생명의 원천인 하나의 마음(一心)으로 되돌아가는 까닭에 이를 귀명(歸命)이라 한다."

고 말씀하셨다.

그는 또한

"가지각색의 물결이 일지만 그것은 영원한 마음의 바다에서의 일이다. 실로 한마음의 빛이 가려짐으로 인하여 여섯 갈래의 어두운 인간상이 나타남으로 널리 그들을 구제하고자 하는 원을 발할 수가 있으며 여섯 갈래의 어두운 인간상이 그 하나인 마음 없이 나타난 것이 아니므로 일심동체의 인류애를 실천해 갈 수가 있는 것이다."

라고 하셨다.

우리 개인적 차원의 희망도, 인류의 희망도 결국은 한마음에 있으며 우리 마음의 근원(心源), 즉 우리 생명의 고향으로 돌아가는 것(歸命)이 다름 아닌 구원인 것이다.

23
중관과 유식사상

중관파(中觀派)와 유식파(唯識派)가 대승불교에 기여한 바는 매우 크다. 공(空), 일체유심조(一切唯心造)와 같은 대승사상의 중요한 개념들은 다 두 학파가 남긴 것이다. 공이나 일체유심조의 사상은 교학사상에 그치는 것이 아니고 지관법(止觀法)과 같은 선수행에 그대로 적용되고 있다.

중관파는 2세기 경에 활동한 나갈쥬나에 의하여 제창되었다고 하나 그 뿌리는 물론 부처님의 가르침이다. 아함경에서 부처님은 "캇챠야나여 일체는 유(有)다 하는 주장은 하나의 극단이다. 일체는 무(無)다 하는 주장은 또 다른 극단이다. 여래는 이 두 가지 극단을 버리고 중(中)에 의해 법(法)을 설한다."고 말씀하셨다.

중관파의 주장에 의하면 사람들이 현세에서 온갖 고통을 받으며 또 강력한 업보에 따라 생사유전(生死流轉)하게 되는 것은 사람들이 그들의 삶의 세계를 잘못 보고 잘못 아는 데 그 원인이 있다고 한다. 사람들은 이 세상의 모든 사물과 현상들이 모두 연관되어 생멸하고 그러므로 그 자체 고정불변한 성품 즉 자성이 없어 공(空)한데도 그것들이 독립적으로 존재하는 실체인 양 생각하는 착각에 빠져 있다. 그러므로 그들은 사물과 현상의 본 성품(眞性)을 알지 못하고 사물과 현상에 집착하여 온갖 괴로움을 받게 된다.

그러므로 반야 계통의 경전에서 말하는 지혜(Prajna)란 사물의 공성(空性)을 아는 것이며 이러한 지혜를 가져야 고통으로부터의 해탈인 열반(Nirvana)에 이른다. 이러한 사물의 공성은 현상계의 상대적 진리를 초월한 절대적 진리이다. 현상계를 파악하고 경험하는 우리의 '있다' '없다', '길다' '짧다'와 같은 이분법적(二分法的) 이해방식으로는 절대적 진리인 사물의 본성을 파악할 수 없다. 일상적인 우리의 사물 인식방식을 세속적 진리(俗諦)라 하고 그것을 초월한 본질의 인식방식을 절대적 진리(眞諦)라 부르지만 속제와 진제는 서로 상대적 개념이 결코 아님을 주의해야 한다. 절대적 진리인 공(空)은 우리의 생각으로는 미칠 수 없는 것이다. 깊은 공부와 명상을 통하여 직관적으로 알아야 얻어지는 지혜이다.

또 한 가지 주의를 요하는 점은 현상계와 절대 진리는 별개의 것이 아니고 하나라는 것이다. 사실은 모든 것이 공(空)일 뿐인데 범부(凡夫)들의 무지와 그릇된 생각을 통하여 경험되는 것이 곧 고통의 현상계이고, 깨친 이의 지혜의 눈으로 보고 경험하는 것이 열반의 절대 진리이다.

절대인 공은 우리가 집착할 어떤 대상의 존재가 아니다. 공을 절대적 진리라 하여 그것에 집착한다면 그것 또한 치유하기 어려운 큰 병이 된다.

중도실상(中道實相)의 지혜로서 이 세상은 고정불변의 아(我), 즉 자성이 없어 공(空)하다는 절대적 진리를 경험하면 열반과 자유를 얻게 되고 그는 모든 세상사에 집착하지 않고 열반에도 집착하지 않는다. 그러한 사람은 현상계와 열반의 두 세계를 다 초월하고 집착하지 않기 때문에 모든 사람들의 요구에 자비로 응할 수 있다.

유식파는 5세기경에 활동한 아상가(Asanga)나 바슈반두(Vashubandhu)와 같은 사람들에 의하여 제창되고 발전된 것이다.

중관파가 공 자체에만 큰 관심을 보인 데 비하여, 유식파는 자성이 공한 연기의 현상세계를 우리의 마음이 어떻게 경험하는가에 더 큰 관심을 보였다.

구사론자들과 중관파가 의식은 감각이 그 대상과 접촉할 때 생긴다고 주장한 데 대하여, 유식파는 식(識)이 실제로 우리의 감각의 경험과 그 경험 대상을 만든다고 주장한다.

인식주체인 나와 그 대상인 대상세계의 경험은 우리 마음이 만든 것이며 우리의 마음에 의존한다. 우리 의식의 뿌리인 아뢰야식(장식이라고도 함)은 마치 바다가 파도를 형성하듯이 조건이 맞으면 식의 전개 과정에 따라 여섯 가지 감각(六識)과 그 대상을 만들어내고 이어서 안에서 비추고 스스로 아는(inner reflection and self-awareness) 능력이 있는 일곱 번 째의 식인 7식을 형성한다. 결국은 이 스스로 아는 기능이 마음에 의존해 있는 대상과 별도로 독립해서 내(我)가 있다고 잘못 생각하게 한다. 이렇게 스스로 아는 7식의 근저에 장식이라는 8식이 있으며, 장식은 우리가 경험하는 좋은 것 나쁜 것 모든 것을 씨앗으로 저장하고 있다가 때가 되면 다시 우리의 생각과 행동으로 발현한다.

특히 우리의 참마음은 전지전능하며 신해성(神解性)과 창조성(創造性)을 가지고 있는데, 그 마음이 창조성을 발휘하려면 물질에 의존 의탁하지 않을 수 없다. 우리의 육신은 그러한 마음이 그의 능력 발휘를 위하여 만든 존재라 한다. 그 대상세계도 역시 한마음의 표현에 불과하다. 물체에 의존하기 전의 한마음은 허공 같은 것으로 시공(時空)을 초월하여 있으므로 시공 속에 존재하는 사물처럼 있다 없다고 말할 수 없다. 있다고도 할 수 없고 없다고도 할 수 없다. 그러나 일단 육체에 의탁하면 육체의 제약을 받고 신(身), 구(口), 의(意)로 짓는 업으로 오염된다. 그러나 그 근본의 신해성과 창조성은 그대로 있는 것이다. 우리 육체에 의탁해 있는 마음이 아뢰야식이며 그것이 윤회의 주체가 된다. 그 아뢰야식은 모든 업식을 가지고 있으며 동시에 청정무구한 불성을 내포하고 있다. 그러므로 일명 여래장, 즉 여래의 씨앗이라고도 부른다.

이 장식은 깨끗한 것과 더러운 것을 다 함께 갈무리 하고 있으므로 깊은 수행을 통하여 그 속에 저장된 업의 씨앗인 업식(業識)을 정화시켜 순수의식(pure consciousness) 또는 무구식(無垢識)으로 바꾸어야 한다. 이 순수의식은 밝게 빛나는 성질이며 불이(不二)의 열반이며 바로 불성이다. 어떤 이들은 이것을 아홉 번째 식인 아말라(Amala)라 부르기도 한다. 이것이 보통 의식의 뿌리인 우리 마음의 참 성품(眞性)이다. 이와 같이 수행으로 8식에 일대전환이 있어야 모든 그릇된 인식과 생각이 멈추고 모든 현상계에 대한 집착과 괴로움이 사라진다.

유식파는 우리가 경험하는 세계의 모든 사물과 현상은 우리 마음에서 만들어진 것으로 독립적 존재가 아니라고 한다. 그것들은 마치 거울에 비친 나의 모습을 내가 보는 것과 같이 실(實)이 아니다.

우리가 외계에 존재한다고 믿는 것은 우리가 잘못 보고 잘못 알고 있는 것이며, 보고 있는 주체인 내가 그 대상인 객체에 마주하고 있다는 생각도 착각이라는 것이다.

유식파는 모든 현상은 연기되어 생멸하는 것이므로 독립적 존재성을 가지고 있지 않으며 따라서 공(空)이라는 것은 중관파와 같지만 궁극적으로 스스로 밝게 빛나며 스스로 아는 성품인 각(覺)과 지혜가 우리에게 있다는 점을 돋보이게 하였다.

실제 수행에 있어서 우리 마음과 모든 사물의 참 성품을 본다는 것은 그 빛나는 각의 성품을 보는 것이다.

24
두 가지 진리(二諦)

나갈쥬나는
"모든 부처님들께서는 이제에 의하여
설법하신다. 하나는 속제(俗諦)이고
다른 하나는 진제(眞諦)이다(諸佛依二諦
爲衆生說法 一以世俗諦 二第一義諦).
이 이제의 구별을 모르는 사람은
부처님의 가르침에 담긴
심오한 이치를 알 수가 없다."고 말했다.
세속적 진리와 절대적 진리를 모르고는
부처님의 가르침을 이해할 수가 없다는 것이다.

속제(samvrti-satya), 즉 세속적 진리란
우리의 일상생활에서 관습적으로 믿는 진리를 말한다.
어떤 사물과 현상의 특징을 보고

그것에 이름을 붙이고
그러한 것을 토대로 사유하여 얻는 명제들이 그에 해당한다.
그것은 사물의 진실상(眞實相)을
완전히 가리기 때문에 실제와 다르게
보이고 인식하게 만든다.
그러한 의미에서 그것은 무명(avidya)과 같은 말이다.
세간의 진리란 우리의 이성과 관념화의 작용
(reasoning and conceptualization)으로 얻는 인식이다.
또한 속제란 사물의 상호의존성과 상대성을 근거로 하여
사물과 현상을 생멸하는 마음으로 인식하는 것이다.
춥다·덥다, 길다·짧다와 같은 상대적 서술이나
인과관계를 설명하는 명제들이 이에 해당한다.
결국 속제는 우리 범부·중생들이 일상적으로 수용하여
사용하고 있는 관습적인 성질의 진리이다.
언어생활의 관습과 생각에 일치하고
일상생활에서 통용되는 진리를 말한다.
그것은 무지한 중생들이 진리라고 믿는 것이다.

마을에서 제일 잘 달리는 사람이 전국적으로 보면
그보다 더 잘 달리는 사람이 있기 때문에
제일 잘 달리는 사람이 아닐 수 있다.
새옹지마의 고사에서 보듯 도망 나갔던
말이 다시 집으로 돌아 올 때, 말 한 마리를 데리고

온 것은 큰 행운이다.
그러나 그 집의 외아들이 그 말을 타다
낙상하여 한쪽 다리를 잃게 된 것은 큰 불행이 아닐 수 없다.
이윽고 전쟁이 나서 온 마을의 청년들이
살아 돌아오기 힘든 전쟁터로 모두 끌려 나갔으나
그 다리를 잃은 아들은 전쟁의 참화를 면하게 됐으니
그것은 또한 큰 행운이 아닐 수 없다.
이와 같이 "제일 잘 달리는 사람"이라는 사실이나
"공짜로 얻은 말(馬)이 행운"이라는 것은
일정한 공간적, 시간적 범위 안에서만
타당한 것이다. 다시 말하면, 절대적인 입장에서 볼 때,
그것이 항상 진실인 것은 아니다.

이에 비하여 진제(paramartha-satya)란
절대적 진리를 말하며 제일의제(第一義諦)라고도 부른다.
그것은 우리의 지적 사유작용에 의한
어떤 왜곡도 없는 있는 그대로의 실상에 관한 진리이다.
우리의 관념이나 견해는 실상을 왜곡하고
근본적 진리를 볼 수 없게 한다.
그러므로 관념화는 구속이고 관념화의 배재와
번뇌 망상의 제거는 해탈이라 하는 것이다.
이 절대적 진리는 우리의 사유의 범위를 초월한 것이고
우리가 일상적으로 쓰고 있는

언어나 개념들을 초월한 것이다.
그러므로 진제는 말할 수 없고 생각할 수도 없다.
그것은 일상적으로 구분과 한계를 정하여
분별을 할 수 없으므로
깊은 수행을 통하여 오로지 내면적으로 직관적으로
체험할 수 있을 뿐이다.

속제와 진제는 동일수준의 상대적인 개념이 아니다.
세속적 진리는 상대적 현상계에 통용되고 있는
진리라 믿는 것을 말하고 절대적 진리는
그것에 대립한 진리라기보다는 그것을 초월해 있는
진리를 말한다.
아들과 딸은 서로 같은 차원의 상대적인 관계이지만
아들·딸과 어머니의 관계는 차원이 다른 관계인 것처럼
속제와 진제의 관계도 다른 차원의 것이다.
현상계를 이성과 사유의 틀을 가지고 보면 차별의 세계이고
왜곡시키는 생각의 틀(the falsifying thought-forms) 없이 보면
현상이 곧 실상이요 절대적 진리이다.
물론 진리는 절대적 진리 하나 뿐이지만
세간의 일상생활을 함에 있어서 편의상
범부·중생들이 실은 진리가 아니지만
진리라고 믿는 바를 속제라 하여 받아들인다.
나갈쥬나는,

"속제에 의존하지 않고는
궁극적 진리를 나타낼 수 없다.
궁극적 진리의 이해 없이는
열반을 얻을 수 없다."
고 두 가지 진리의 관계를 말하고 있다.
진제가 목적지라면
속제는 그 목적지에 이르는 사다리와 같은 수단이다.
속제를 딛고 궁극의 진리에 이르는 것이다.

속제와 진제에 따라 부처님의 설법을
나누어 볼 수도 있다.
속제의 수준에서 설한 말씀은 방편이고
진제의 입장에서 설한 것이
진실상을 보인 가르침으로 제일의제(第一義諦)인 것이다.
부처님의 설법 가운데에도 이러한 진제와 속제가
섞여 있어 주의하지 않으면 혼동하기 쉽다.
금강경에서 부처님이 설법하시고는
설법한 바가 있느냐고 물으시고
수보리로 설한 바가 없다고 대답한 것이 좋은 예가 된다.
속제의 입장에서 보면
설법한 바가 있지만 진제의 입장에서는
그것이 없다고 하는 것이다.
공(空)만 하더라도 그렇다.

속제의 수준에서 공은 상대적인 것,
연기되어 생멸하는 현상이 자성(self-being)이
없고 따라서 비실(非實)이란 뜻이다.
그러나 절대적 수준에서 공이란 사물의 절대적
궁극적 실상으로 비관념적이고, 비현상적이고
비한정적(非限定的)인 사물의 본성을 의미한다.
이러한 절대적인 의미의 공을 열반경에서는
제일의공(第一義空)이라 부른다.

능엄경에서 아난다가 "보는 성품이 네 가지 연(緣),
즉 공을 인(因)하고, 밝음을 인하고, 마음을 인하고, 눈을
인한다고 부처님이 말씀하셨는데 그 뜻이 어떤 것입니까?"
하고 물은 데 대하여
부처님은 "그것은 내가 세간의 인연상(因緣相)을 말한 것이고
제일의(第一義)가 아니니라." 하고 대답하셨다.
다시 말하면 보는 것이 네 가지 인연에 의하여 행해진다는
그 전의 부처님 말씀은 속제의 수준에서 한 것,
즉 세간의 인연상을 말한 것이고
본다는 것의 궁극적 진리를 말한 것,
즉 제일의제(第一義諦)는 아니라고 한 것이다.
세간적 의미의 보는 것은 분별차원의 망견(妄見)이고
그것을 되돌려 보는 놈을 보는 진견(眞見)은 아니다.
듣는 놈을 되돌려 소리를 여읜 듣는 성품을 듣는 것이나

보는 놈을 되돌려 보는 성품을 보는 것이나
다 같은 것으로서
우리의 본래 성품인 순수하고 깨끗하고 참되고
묘하게 밝은 각의 성품(精眞妙覺明性)을 말한다.
능엄경에서는 이 본 성품을 원청정체(元淸淨體),
묘정명심(妙淨明心), 원묘명심(圓妙明心),
정원진심(淨圓眞心) 등 여러 가지로 부르고
있으나 다 같은 것을 가리킨다.
여하간 이 본성품은 절대적 실상이므로
세속적 언설로는 표현할 수 없다.
그러므로 부처님은 능엄경에서
"이렇게 순수한 깨달음의 묘하고 밝은 것이
인도 아니요, 연도 아니며 자연도 아니요,
자연 아닌 것도 아니니, 비(非)·불비(不非)도 없고
시(是)·비시(非是)도 없어서 온갖 모양을 여의었으되
일체법에 통하거늘
여기에 어떻게 마음을 써서
모든 세간의 희론과 명상(名相)으로 분별하려 하느냐.
그건 마치 손으로 허공을 만지려는 것과 같아서
스스로 괴로움만 더할 뿐
허공이 어떻게 네게 잡히겠느냐."라고
절대 실상을 세간의 분별하는 마음으로 이해할 수 없고
세간의 언설로 표현할 수 없음을 말씀하셨다.

그러므로 법화경 여래수량품에서
"여래가…… 여러 가지 설한 것이
다 진실하여 허망하지 아니하니라.
무슨 까닭인가. 여래는 삼계의 모양(三界之相)을
실상과 같이 보고 아나니
나고 죽어 물러나거나 나오거나 함이 없으며
세상에 있음(在世)과 멸도(滅度)도 없으며
진실도 아니고 거짓도 아니며
같은 것도 아니고 다른 것도 아니다.
그것은 삼계의 중생이
삼계를 보는 것과 다른 까닭이다.
여래는 이와 같은 일을
밝게 보아 착오가 없느니라."고
설한 것도 같은 뜻이다.
깨친 부처님이 세상을 보는 것과
미혹의 중생이 보는 것이 전혀 다른 것이다.
중생이 보는 것은 속제, 즉 세속적 진리이고
부처님이 보는 것은 진제, 즉 절대적 진리이다.
진제를 아는 것이 깨침이요
삼계를 여실히 보는 눈을 부처의 눈(佛眼)이라 하고
그렇게 보는 지혜를 부처의 지혜(佛智)라 한다.
비유컨대 지면(地面)밖에 볼 수 없어
나무의 그림자가 실체(實体)라고

믿는 사람이 범부·중생이라면
나무의 그림자는 물론이고
나무와 해 그리고 하늘까지를 보는 이가
깨친 보살이요 부처이다.
태풍의 주변만 보고 태풍의 눈은 보지 못하는 것은
일부만 보는 것이며
태풍의 눈과 그 주변을 함께 보는 것이
태풍의 실상을 보는 것이 된다.
그렇게 삼계의 모습을 여실히 보는 것을
모든 사물과 현상의 참모습을 본다고 한다.

황벽선사가
"참선은 모든 말(言語)을 초월하고
모든 생각과 언설(言說)을 떠나 있다.
다만 신묘한 침묵 속의 깨침만이 있고
그밖에 아무것도 없다."라고 한 말도
같은 뜻을 전하는 것이다.

25
네 가지 진리와 사물의 참모습(中道實相)

부처님의 가르침을 올바르게 이해하려면 그 가르침의 역사적 배경을 잘 살펴보아야 한다.

부처님께서는 성도 후 바라나에 가셔서 처음 설법의 하나로 괴로움(苦)과 괴로움의 원인(集), 그리고 괴로움의 소멸(滅)과 괴로움의 소멸에 이르는 길(道)의 이른바 네 가지 성스러운 진리(四聖諦)를 설하셨다.

이 세상에 존재하는 모든 것은 무상하며 괴로운 것이다. 탄생이 괴로움이요 죽음이 괴로움이요 이별이 괴로움이다. 괴로움의 원인은 탐욕과 집착이다. 그 원인을 제거하면 괴로움은 소멸하며 그것을 소멸시키는 올바른 수행의 길이 있다. 올바른 견해(正見), 올바른 생각(正思), 올바른 말(正語), 올바른 행동(正業), 올바른 생업(正命), 올바른 정진(正精進), 올바른 마음공부(正念), 올바른 집중(正定) 등 이른바 여덟 가지 바른 길(八正道)이 그것이다.

올바른 견해란 이 네 가지 진리를 바르게 이해하는 것이다. 올바른 생각이란 탐욕, 나쁜 마음, 잔인한 마음을 갖지 않는 것이며 올바른 말이란 거짓말, 심한 말, 남을 이간시키는 말 등을 하지 않는 것이다. 올바른 행동이란 생명체를 해치지 않고, 도둑질 하지 않고, 사음(邪婬)을 하지 않는 것이며, 올바른 생업이란 마약을 판매하거나 살생을 하는 등 불법에 어긋나는 생계수단을 멀리 하는 것이다.

올바른 정진은 악을 멀리하고 선을 행하는 것이며, 정념은 우리의 육신, 우리의 감정, 우리의 마음, 마음 쓰는 대상 등에 관하여 깊이 명상하는 것이다. 올바른 집중은 수식관 등 이른바 지(止)의 방법을 통하여 외계의 대상에서 마음을 거두어들여 깊은 삼매에 드는 것을 말한다.

이 네 가지 성스러운 진리의 가르침은 이 고통스러운 세상을 살아가는 보통사람들에게는 엄청나게 훌륭한 가르침이다. 그것은 우리가 살고 있는 이 세계는 결국 고통으로 가득하다는 냉엄한 현실을 우리로 하여금 똑바로 보게 가르치고 있다.

그리고 그러한 고통스러운 삶은 반드시 원인이 있는데, 그것이 다름 아닌 우리의 탐욕과 집착이라는 것을 선언하고 있다. 우리의 괴로움은 남이나 외부의 어떤 조건 때문에 생기는 것이 아니고 결국은 우리 자신의 탐욕과 그에 바탕을 두고 있는 강력한 집착이 원인이라고 우리에게 가르치고 있다.

그러나 이 사성제의 가르침이 참으로 훌륭한 가르침이 되는 것은 그러한 괴로움을 제거하는 길을 우리에게 보여주기 때문이다. 아무리 큰 괴로움일지라도 그 원인만 제거되면 그것은 곧 소멸한다. 더구나 그것은 오직 나 한 사람만의 노력과 수행만으로 가능하니 얼마나 다행스러운 일인가. 만일 그 괴로움의 소멸이 내가 아닌 다른 사람의 도움과 협조가 있어야 가능한 것이라면 경우에 따라서는 불가능에 가까운 일이 될 수도 있다. 그러나 괴로움의 원인이 나의 탐욕과 집착이니 그것만 제거하면 나의 괴로움은 끝난다. 그리고 부처님은 친절한 의사와 같이 그것을 제거하는 데 사용하는 여덟 가지 구체적인 방법을 제시해 주셨다.

사리불, 마하가섭, 목건련, 아난다 등 부처님의 제자들은 모두 이러한 가르침을 듣고 그에 따라 수행에 수행을 거듭하여 소승과(小乘果)인 아라한의 지위를 모두 얻게 되었다.

그러나 부처님은 반야시에 이르러 금강경, 반야경을 말씀하시면서 그 이전의 가르침을 부정하기 시작한다. 예를 들어 반야심경은 "그러므로 공에는 물질도 없고 느낌과 생각과 의지작용과 의식도 없다. 눈과 귀와 코와 혀와 몸과 의식도 없으며…… 무명도 없고 무명 다함도 없으며 늙음과 죽음도 없고 늙음과 죽음의 다함까지도 없으며 고집멸도(苦集滅道)도 없고 지혜도 없고 얻음도 없다."고 설한다. 부처님은 지금까지 고(苦)도 있고 고의 원인도 있고, 고의 소멸도 있고, 고의 소멸에 이르는 여덟 가지 길도 있다고 말씀하시고 사리불 등 모든 제자들은 그것에 따라 열심히 수행하여 왔는데, 이제 그러한 네 가지 진리는 없다고 부정하고 있으니 일견 이러한 모순이 어디 있는가. 여기에 공을 설한 반야경의 경전이 이해하기 어렵기도 하지만 그것을 천착하며 공부할 맛이 있는 것이다. 그리고 그것을 제대로 이해한다면 불법의 반 이상을 이해한 셈이 된다.

반야심경은 "관자재보살이 반야바라밀다의 수행을 깊게 하여 다섯 가지 구성요소가 모두 공(空)함을 보고 모든 괴로움을 뛰어넘었다."로 시작한다. 그리고 이어서 "사리자여…… 물질이 곧 공이요 공이 곧 물질이며 느낌과 생각과 의지작용과 의식도 그와 같이 실체가 없는 공이다. 사리자여 이 모든 존재가 공하여 불생불멸(不生不滅)이며 더럽지도 깨끗하지도 않으며 늘지도 줄지도 않는다."고 말한다.

이 경에는 우선 등장인물이 두 사람인데, 하나는 관자재보살이고 다른 한 사람은 설법의 대상인 사리자, 즉 사리푸트라(사리불: Sariputra)이다. 사리불은 부처님 제자 중 지혜제일이라 하는데, 그것은 그가 아비달마(Abhidharma) 구사론의 방법론에 통달하여 있기 때문이라 한다. 부처님의 가르침으로 경(經) 그리고 율장과 함께 삼장(三藏)을 구성하는 논장(論藏)인 구사론에서는 우리가 사물을 인식하고 경험하는 바를 그 구성요소로 분석하는 것을 특징으로 하는데, 사리불은 그러한 방법에 매우 뛰어난 재능이 있었다고 한다.

한편 관자재보살(관세음보살)은 반야바라밀다의 수행을 하여 일체의 사물과 현상이 본래 공(空)함을 터득하고 마음의 자재를 얻은 보살이다. 반야(prajna)란 지혜를 가리키고 바라밀다(paramita)는 저 언덕으로 건너간다는 뜻이라고 한다. 이 세상의 고해(苦海)를 건너 고통이 완전히 소멸한 열반의 피안에 도달하는 지혜가 곧 반야의 지혜이다. 관자재보살은 그러한 지혜를 터득하여 이미 열반에 이른 보살이다. 사리불이 아직도 사물의 실체성(reality)을 믿고 있어 그로 인한 마음의 장애와 괴로움을 완전히 벗어나지 못한 데 비하여 관자재보살은 모든 관념과 상(相)을 다 여의고 절대적 진리의 경지를 체험하였으며, 따라서 마음의 자재를 얻어 자기 마음의 괴로움은 물론 중생들의 괴로움도 어루만져 줄 수 있는 보살이다.

반야심경에서 말하는 다섯 가지 구성요소란 색(色), 수(受), 상(想), 행(行), 식(識)으로 사람을 구성하는 요소들이다. 색은 물질로서 우리의 육체를, 수는 우리의 느낌, 상은 우리의 생각을, 행은 우리의 의지를, 식은 우리가 인식하는 의식을 각각 가리킨다. 우리의 육체는 다시 사대(四大), 즉 지(地), 수(水), 화(火), 풍(風)의 네 가지 구성요소로 이루어진다.

부처님께서 사람을 이와 같이 다섯 가지 구성요소인 오온(五蘊)이란 새로운 용어로 표현한 데는 깊은 뜻이 담겨 있다. 그것을 중아함경에 등장하는 백정의 비유에서 잘 볼 수 있다. 부처님은 "수행자들이여 숙련된 백정이나 그의 제자가 소를 잡아 배를 가르고 여러 부위별로 자르고 가른 다음 네 길모퉁이에 앉아서 있듯이 수행자도 사대(四大, 즉 인체를 구성하는 지, 수, 화, 풍의 요소)로 구성된 자기 몸을 그와 같이 관해야 한다. 소를 키우고 그 소를 소 잡는 곳으로 끌고 가서 붙들어 매고 잡은 다음에 그 잡아서 죽은 소를 보는 백정에게 그 소의 배를 가르고 모든 부위를 자르기 전까지는 '소'라는 생각은 사라지지 않는다. 그러나 그가 앉아서 소의 배를 가르고 토막토막 각 부위별로 잘라낸 다음에는 '소'라는 생각은 사라지고 '소고기'라는 생각이 일어난다. 그는 '내가 소를 판다'고 또는 그들이 '소를 산다'고 생각하지 않는다. 그와 같이 수행자가 아직 깨치지 못한 무지한 중생이고 범인일 때는 그가 행주좌와 어떤 경우라도 이 몸을 각 구성요소로 분석하여 관할 때까지는 '살아 있는 존재', '사람' 또는 '개인'이란 생각은 사라지지 않는다. 그러나 그가 그의 몸을 그와 같이 관하면 즉시 '살아 있는 존재', '사람'이란 생각은 사라진다. 그리고 그의 마음은 그러한 관을 통하여 태연해지고 집착을 떠나게 된다."고 설하셨다.

그것은 우리에게 뿌리 깊게 고착된 나라는 관념, 사람이란 관념 등 인집(人執)을 타파하기 위한 일종의 방편적 개념이다. 부처님이 무아설을 말씀하시기 전까지 대부분의 사람들은 모든 사람에게도, 따라서 모든 사물에게도 고정불변의 나, 즉 아트만(atman)이 있다고 굳게 믿었다. 부처님은 모든 고통의 근원인 그것을 타파하기 위하여 고정불변의 아(我)가 없고 사람과 모든 현상은 결국 무아(anatman)임을 역설하셨다.

무아를 가르치기 위하여 사용한 방편이 '사람'이란 개념을 해체하고 그 대신 만들어낸 다섯 가지 구성요소라는 개념이다. 그리하여 제자들은 이제 나나 사람이란 관념은 버렸지만 그것 대신 사용한 구성요소들이 실체라고 믿게 된 것이다. 그리하여 그것마저 부정하여야 실상의 진리를 깨닫게 되기 때문에 이미 모든 존재가 공임을 터득한 관자재보살의 예를 들어 다섯 가지 구성요소들도 결국 실체가 없고 서로 연기되어 생멸하는 공(空)의 존재라고 선언한 것이 반야심경의 첫 구절이다.

범부·중생들의 사물에 대한 집착을 타파하기 위하여 "물질이 곧 공이며"라고 설하고 이어서 허무주의를 타파하기 위하여 "공이 곧 물질이다."라고 설한다. 수·상·행·식도 마찬가지이다. 공한 가운데 색(色)도 없고, 고·집·멸·도의 네 가지 진리도 없다고 선언한다. 고집멸도가 한 변이라면 무고집멸도는 다른 한 변이 된다. 그 두 변을 다 부정하는 것이 곧 공(空)이요 그것이 중도(中道)이며 그것이 곧 반야바라밀이 된다고 나갈슈나는 지적하고 있다. 마찬가지로 무명과 무명이 다함이 양변이요 노사(老死)와 노사가 다함이 양변으로 이 두 변을 초월하는 것이 공이요 중도이다.

공이란 비었다는 뜻인데, 비었다는 것은 '무엇이' 비었다는 것을 전제로 한다. '집이 비었다' 할 때 그것은 집에 사람이 없다는 뜻이다. 비록 집에 사람은 없지만 가재도구는 있을 수 있다. 일반적으로, 즉 세속적 차원에서 공은 고정불변의 아(我)가 비었다는 뜻으로 사용된다. 물질이 공이라고 하는 것은 그 물질은 고정불변의 실체가 없다는 것을 의미한다. 그러나 절대적 차원에서 공은 모든 것이 빈 상태, 즉 모든 구분과 한정이 없고 따라서 모든 상이 없는 상태(無相)를 가리킨다. 앞의 것이 상대적 차원의 공인 데 비하여 후자는 절대적 차원의 공이다. 그렇기 때문에 "모든 것의 공한 모습이 나지도 않고 소멸하지도 않고 더럽지도 않고 깨끗하지도 않으며, 늘지도 줄지도 아니한다."고 반야심경은 설한다.

해안스님이

"참마음에는 마음이니 마음 아니니가 붙지 않는 것이요, 깨치고 못 깨침이 없는 것이요, 참이니 거짓이니가 없는 것이요, 부처니 중생이니가 없는 것이요, 제도하느니 제도를 받느니가 없는 것이요, 이 언덕이니 저 언덕이니가 없는 것이요, 열반이니 생사이니 하는 것이 없는 것이요, 죄니 복이니가 없는 것이요, 선이니 악이니가 없는 것이요, 지옥이니 천당이니가 없는 것이니 일체 이름과 말과 상(相)과 자취와 냄새가 다 끊어진 것이다. 그러면 이렇게 깨친 것이 마음을 깨친 것인가. 아니다. 이도 깨침이 못 된다. 한 물건도 취하지 아니하나, 한 물건도 버리지 않는 것이 불법임을 알아야 한다."

라고 말씀하신 것도 절대적 공의 경지를 가리킨 것이다.

이러한 경지를 말로 설명한다고 어떻게 쉽게 이해가 되겠으며 우리의 생각으로 어떻게 헤아릴 수 있겠는가. 우리가 사용하는 언어나 관념은 우리의 생활세계, 즉 이 상대적인 현상계에 통용되는 것으로서 상대세계가 아닌 절대적 차원의 진리를 설명하고 이해하는 데는 적합하지 않다.

상대적 현상계에 대한 우리의 인식은 우리의 생멸심(生滅心)으로 분별하는 것이다. 사물을 분별하는 것은 사물의 특징(相)에 따라 구분하고 분별하는 것이다. 그러므로 현상이나 사물에 대하여 저것은 눈이고 이것은 코라고 분별하며 이것은 고(苦)요 저것은 고의 소멸이라고 분별한다. 그러나 절대의 경지에서는 그러한 구분과 분별이 모두 사라진 상태이다. 그것은 한결같은 참마음(眞如心)이며 한마음이다. 거기에서는 무명으로 생멸하는 식(識)의 작용이 멈추고 거울 같은 각(覺)의 마음(大圓鏡智)만이 존재한다. 눈으로 대상을 보아도 눈이란 생각, 대상이란 생각, 본다는 생각 없이 그냥 볼 뿐이고 모든 상이 없이(無相) 무념(無念)으로 보고 듣고 할 뿐이니 어디에 눈, 귀, 코 등 감각기관이 있겠으며 보는 것, 듣는 것이 있다고 하겠는가. 이와 같이 무념, 무상(無相)의 경지가 되면 반야지를 얻게 되고 그때 비로소 고통의 바다를 건너갔다고 할 수 있으리라.

범부·중생처럼 생멸심의 현상계에 머물고 집착하면 고통 속에 살지만 반야의 지혜를 얻어 진여의 한마음이란 절대 진리의 세계에 눈뜨게 되면 모든 고통이 소멸한 열반이란 피안에 도달한다. 이것이 반야심경의 메시지이다. 같은 세계를 중생심으로 보면 고해(苦海)요 반야의 지혜로 보면 열반이다. 그러므로 보기에 따라 고(苦)가 있기도 하고 없기도 하다(無苦集滅道).

　이와 같은 반야심경의 가르침을 받고도 많은 소승의 수행자들이 상대적 공의 오류와 아무것도 없다는 허무주의의 오류에 빠졌다. 상대적 공의 오류란 고해인 이 세상에 대하여 열반의 공(空)의 세계를 대립시켜 놓고 공에 안주하는 것이다. 허무주의의 오류란 모든 것을 부정하는 반야심경을 오해한 나머지 모든 것이 없는(虛無) 것이라고 믿는 것을 말한다. 이 두 가지 오류는 수행자로 하여금 현실에서 도피하게 만든다. 절대 공의 경지는 결코 허무주의는 아닌 것이다.

　그러므로 열반경에서 부처님은 "……일체가 공임을 보고 불공(不空)을 보지 못한다면 중도라 할 수 없다. 일체가 무아임을 보고 아(我)를 보지 못한다면 중도라 하지 않는다…… 성문·연각(소승)은 일체가 공임을 보지만 공하지 않은 것은 보지 않는다. 그리고 일체가 무아임을 보되 아(我)를 보지 않는다. 그러므로 제일의공(절대적 공)을 얻지 못한다. 제일의공을 얻지 못하므로 중도를 행하지 못하고 중도가 없으므로 불성을 보지 못하느니라."고 말씀하신 것이다.

　이것은 소승으로 하여금 상대적 공의 경지에서 진정한 공의 경지에 나아가 중도실상(中道實相)을 터득하라고 촉구하는 것이다.

　한걸음 더 나아가서 법화경에서는 공(空)·가(假)·중(中)의 삼제(三諦)를 통하여 현상계가 곧 진리이며 생사계가 곧 열반임을 가르쳐 중도실상을 터득케 한다.

　사리불 등 소승제자들은 그동안 공(空), 무상(無相), 무작(無作)만을 생각했을 뿐 중도실상을 깨쳐 부처가 되는 것을 생각지 못했노라고 법화경 신해품에서 고백한다. 사리불은 부처님으로부터 법화경의 설법을 듣고 비로소 제법실상을 깨치게 되고 드디어 장차 부처가 되리라는 수기를 받게 된다.

현상계에 집착하는 것이 병이듯, 공의 세계에 집착하는 것 역시 병이다. 반야지를 얻고 중도실상을 터득한 수행자에게는 유(有)의 관념, 무(無)의 관념, 공(空)의 관념, 그 모든 것에 대한 집착이 없다. 그러므로 그는 자유자재하다.

26
담담한 죽음

 이 세상을 어떻게 살아가느냐도 중요하지만 어떻게 죽느냐도 매우 중요하다.
 티베트에서는 죽는 순간이 해탈과 환생의 갈림길이 되므로 어떻게 죽어야 하는가에 매우 큰 의미를 부여한다.
 그리하여 살아 있을 때의 수행을 죽음과 동시에 해탈 성불하기 위한 준비로 여긴다.
 얼마 전 118세에 돌아가신 우리나라의 탄공 스님은 생전에 그가 돌아가실 날을 미리 제자들에게 알려주고 그날 자정까지 신나게 춤을 추고 노래하며 놀다가 자정이 되어 앉은 채 주무시듯 이 세상을 떠나셨다.
 대부분의 사람들은 이 세상에 태어남도 떠나감도 자기 마음대로 할 수 없다.
 그러나 깨우친 성자들은 태어남도 자기 마음대로 하거니와 죽는 것도 자유자재로 선택한다.

그리하여,

"내가 아무 날 아무 시에 죽을 것이다."

고 하는 것은 그의 죽음이 그때 오리라는 것을 예언하는 것이라기보다는 그 날을 택하여 떠날 것이라는 그의 결심으로 보아야 할 것이다.

중국의 방거사는 고향의 한 동굴에서 2년 동안 지내다가 이 세상을 떠날 때가 되었다고 생각하고 그의 딸에게 해가 중천에 이르면 알려 달라고 부탁한 후 가부좌하고 삼매에 들어갔다.

딸이 들어와서,

"지금 해가 중천에 이르렀는데 방금 일식이 일어났으니 이리 오셔서 보세요."

하고 말하자 그는 밖으로 나갔다.

그 즉시 딸이 방거사의 자리에 앉아서 곧바로 이 세상을 떠났다고 한다. 방거사는 여식의 장례를 치르고 7일 후에 친구의 무릎을 베고 누워서,

"이 세상의 모든 것은 공하다. 그러니 공한 것을 실재한다고 여기지 말고 환영 같고 메아리 같은 이 세상에서 조심하며 살아가게."

라는 마지막 말을 남기고 이 세상을 떠났다고 한다.

수행을 한 이들은 생사를 마음대로 할 뿐만 아니라 죽음에 있어서도 아침에 밥 먹고 차 마시듯 담담하다.

중국의 어떤 스님은 그의 제자들에게,

"그동안 대선사들은 대체로 앉아서 죽거나 누워서 죽었다. 그런데 서서 죽은 사람이 있었던가?"

하고 물었다. 그런 분이 있다고 누군가 대답하자,

"그러면, 나는 거꾸로 선 채로 죽을 것이다."

라고 하면서 물구나무를 선 자세로 이 세상을 떠났는데, 그가 입은 옷은 하나도 흐트러지지 않고 평상시와 조금도 다름이 없었다고 한다. 20세기 인도 성자 중의 한 사람인 라마나 마하리쉬의 손에 생긴 암이 점차 악화되자 의사들은 손을 절단할 것을 권유하였다.

그는,

"그럴 필요가 없습니다. 이 몸 자체가 병입니다. 그러니 그것을 그냥 놔두십시오."

하면서 거부하였다.

그리하여 손을 자르지 않고 두어 차례의 간단한 수술을 했지만 결국 낫지 않고 1950년 임종을 맞게 되었다.

그는 고통에 대하여 전혀 개의치 않았으며 병의 진행을 흐르는 강물 바라보듯 관조할 뿐이었다. 그의 눈은 예전과 다름없이 맑고 빛났으며 자비심으로 충만하였다.

몸은 쇠약해졌지만 많은 방문객을 종전과 다름 없이 면담했고 이 육체가 내가 아니라고 강조하였다.

4월 14일 저녁 임종이 가까워지자 그는 일으켜 앉혀 달라고 하여 맑고 부드러운 눈을 뜨고 잠시 그대로 앉아 있었다.

얼굴에는 조용하고 자비로운 미소를 떠올린 채 숨을 거두었는데, 그때 그의 한쪽 눈에서는 눈물이 한 방울 맺혀 떨어졌다. 그는 신성한 아루나찰나 산을 좋아하여 그곳에서 살며 많은 제자를 가르치다 조용히 이 세상을 떠났다.

우리 범인들은 육체가 허물어지는 것을 죽음이라 하고 죽는 것을 몹시 두려워하지만 깨우친 이들은 그것을 전혀 두려워하지 않는다. 태어나는 일이 자연스러운 일이라면 죽는 것 또한 그렇다고 여긴다.
『장자』에 이런 이야기가 있다.
노담이 죽었을 때 진일이 문상을 가서 형식적으로 곡을 세 번하고 나왔다.
노자의 제자가,
"그 분은 선생의 벗이 아닙니까? 그것으로 문상의 예가 되겠습니까?"
하고 말하자 그는,
"그가 어쩌다 이 세상에 태어난 것은 태어날 때를 만났기 때문이며 이 세상을 떠난 것도 죽을 운명을 따랐을 뿐이다. 때에 편안히 머물러 자연의 도리를 따르면 기쁨이나 슬픔 따위의 감정이 끼여들 여지가 없다네."
라고 대답했다.
배고플 때 밥 먹는 일이나 잠이 올 때 잠자는 일이 자연의 도리인 것처럼 나고 죽는 일도 자연의 도리에 다름 아니다. 티베트의 밀레트파는,
"죽음의 공포 속에서 나는 산과 들을 바라보며 언제 닥칠지 모를 죽음에 대하여 명상한다.

마음의 죽지 않음(不死性)과 영원함(不斷性)을 알고 나니 죽음에 대한 모든 공포가 사라졌다."

고 노래했다.

깨우친 이들은 육신이 허물어지는 것을 죽음으로 보지 않는다. 파도가 허물어져 다시 바다로 돌아가듯 이 육신이 허물어져 저 푸른 하늘같은 불성(佛性)에 계합하고 자연으로 다시 돌아간다고 보는 것이다.

우리가 인간으로 태어난 이상 누구나 죽음을 피할 수는 없다. 조금 늦고 조금 빠르고의 차이는 있겠지만 누구나 언젠가는 죽음을 맞이하게 된다. 죽는 순간에 불안해하거나 두려워하거나 당황해하지 않고 모든 집착을 버리고 편안하고 담담하게 죽음을 맞이하려면 어떻게 죽을 것인가를 한 번쯤 생각해 보는 것이 좋지 않을까!

27
죽음과 해탈

사람은 누구나 한번 태어나면 어느 땐가 죽음을 맞게 된다. 누구도 죽음을 피할 수 없다. 돈이 아무리 많아도, 무소불위의 권력자라도, 아무리 건강한 사람도 그것을 피할 수는 없다.

일반적으로 사람들은 죽음을 두려워하고 따라서 이야기하는 것조차 싫어한다. 그러나 티베트 불교는 죽음을 삶과 죽음 그리고 환생이라는 하나의 큰 순환의 한 부분으로 간주한다. 그리고 사람들에게 그것에 대비한 수행을 하라고 가르친다. 죽음의 과정을 소상히 밝히고 어떻게 대처하여야 해탈하고 또 좋은 곳에 다시 태어나는가를 기술한 지침서가 『사자의 서(死者의 書)』이다.

그 텍스트에 의하면 생사의 과정을 크게 넷으로 나눈다. 출생에서 죽는 순간까지인 금생, 죽음의 시작인 육신의 구성요소의 해체 과정에서 내적 호흡이 멈출 때까지의 기간인 죽음, 참성품의 광명이 밝게 빛나는 법성 바르도(the Bardo of dharmata)의 과정, 그리고 업(業)에 따라 육도(六道)로 다시 태어나는 환생의 네 가지 과정이 그것이다.

불교 수행의 궁극적 목표는 우리의 참성품을 보고 해탈 성불하는 데 있다. 우리가 우리 마음의 참성품을 보고 깨치고 해탈하는 길은 두 가지인데, 하나는 금생에서 불교 수행을 통하여 자기의 진면목을 보고 깨치는 것이고, 다른 하나는 죽을 때 우리 마음의 참성품을 보고 해탈하는 것이다.

그리하여 티베트인에게 있어서 죽음이란 육체와 우리 보통의 마음이 해체되는 고통의 과정일 뿐만 아니라 우리의 본원인 진면목을 만나는 좋은 기회가 된다. 죽음은 절대적 진리와 대면하는 순간이며, 해탈이냐 아니면 환생이냐의 갈림길이다.

죽음의 과정은 대체로 두 가지 단계로 진행된다고 한다. 하나는 이른바 외적 해체 과정으로서 우리의 감각기관과 우리 육신을 구성하는 요소인 지(地), 수(水), 화(火), 풍(風)의 사대가 흐트러지고 해체되는 과정이다. 우리의 외적 호흡이 멈추고 몸에 아직 온기는 남아 있지만, 모든 생명의 싸인들이 다 멈춘 상태로서 의학적으로 사망한 때를 말한다. 두 번째의 단계는 외부의 호흡이 끊기고 나서 한 끼의 식사시간 정도(약20분)의 기간인 내적 호흡이 멈추고 우리의 생각과 감성들이 해체되는 내적 해체의 단계이다.

이 내적 해체의 과정은 임신의 역순으로 진행된다고 하는데, 진심, 탐심, 치심의 삼독심이 차례로 해체되고 사라지는 단계이다. 이때는 어둠 속에 갇힌 듯 컴컴하게 보인다고 한다. 그러나 이때에 우리가 가지고 있는 참마음이며 불성인 아주 미세한 의식이 드러나기 시작하는 때로서 죽어서 해탈할 수 있는 절호의 기회이다. 그 기회는 두 번 있는데, 첫 번째 기회는 근본마음 자리광명(the Ground Luminosity)이라 부르는 것으로서 마치 새벽하늘에 동트듯이 훤하게 밝아오는 순간이다. 이 밝음은 우리 마음의 참성품이 스스로 내는 것이지만 고도의 수련을 한 사람이 아니면 쉽게 알아 볼 수가 없고 따라서 그냥 지나치기 쉽다. 그것을 알아보고 그것과 합일하면 곧 해탈이지만 만일 알아보지 못하고 지나치면 그 다음 바르도로 넘어간다.

범인들은 죽으면서 느끼는 고통과 혼란 그리고 과거의 습(習)으로 그 좋은 기회를 놓치고 곧 무의식 상태에 빠진다고 한다. 여기까지의 기간이 약 사흘 반 정도 지속되고 그러고 나서 의식은 육신을 빠져나간다고 한다. 사흘 동안 시체를 움직이지 않는 티베트의 장례 풍습은 이러한 이유 때문이다.

아무튼 첫 번째 기회를 놓치면 그 다음에 두 번째의 기회가 찾아오는데 그것이 법성 바르도이다. 법성이란 모든 것의 근본 성품을 의미하는 것으로서 우리의 참성품인 자성(自性)이 스스로 밝게 비추는 광명을 의미한다. 처음의 기회가 아침 동트는 정도의 밝음이라면 이 법성의 빛은 마치 태양이 붉게 솟아 사방으로 찬란한 빛을 발하는 것과 같은 것이다.

이 자성의 빛은 너무 눈부시게 밝고 무서운 소리, 색깔과 함께 나타나기 때문에 고도의 수련자가 아니면 쉽게 인지하지 못한다고 한다. 그것을 인지하면 곧 해탈할 수 있는 좋은 기회임에도 쉽게 지나치게 되는 것은 이 자성의 빛이 보일 때 아주 편안한 희미한 빛들이 함께 나타나서 유혹하기 때문이라 한다. 눈부신 빛을 피하여 이 편한 희미한 빛을 따라가게 되면 기차를 타듯 육도환생으로 가는 길이 된다. 희미한 흰색은 천계(天界)로 환생하는 길이며, 희미한 청색은 인간계로 가는 길이 된다.

이곳은 마치 지옥, 아귀, 축생, 아수라, 인간, 천계의 육도(六道)로 환생하는 열차를 기다리는 정거장 같은 곳이다. 죽으면서 삼독심이 사라지고 잠시 우리의 진면목인 자성의 빛을 알아보고 그에 합일하여 해탈할 수 있는 기회가 있지만 그 기회를 놓치고 나면 다시 우리의 보통의 마음이 돌아오고 그 보통 마음 밑바닥에 뿌리 박혀 있는 과거의 습(習)과 업(業)의 힘에 따라 육도환생하게 된다. 그리하여 고통의 생이 다시 시작된다.

죽음에서 환생까지의 과정이 보여주는 것은 우리 마음의 참성품인 자성이 점진적으로 나투는 과정으로서 ① 참 성품의 순수한 상태, 즉 근본 마음자리 광명, ② 참마음의 눈부신 빛과 에너지, 즉 법성 바르도, ③ 우리 생각의 몸(a mental form)으로 굳어지는 일련의 단계이다.

그 과정에서 경험하는 모든 빛과 소리와 형상들은 그 모든 것이 우리 마음 이외의 아무것도 아니지만 범인들은 그것을 모르고 그것이 자기와 다른 그 어떤 실체로 잘못 알기 때문에 윤회의 굴레에서 벗어나지 못한다. 그러기 때문에 죽음에 임하여 ① 해탈하거나 ② 해탈하지 못하면 나쁜 곳에 환생하는 것을 막고 가급적이면 인간계에 태어나기 위하여 살아 있을 동안에 열심히 수행하여야 하고 죽는 순간에 꼭 알아두어야 할 점들이 있다.

우선 죽음에 임박해 있고 매우 중요한 시점에 와 있다고 알아야 한다. 죽은 후에는 죽었다는 사실을 인정하고 놀라거나 두려워하지 말고 그동안 수행한대로 자기의 참성품에 편안히 머물러 쉬어야 한다. 죽기 전이건 죽은 후건 모든 집착과 배척을 피하고 그로부터 해방되어야 한다. 세 가지 독한 마음, 즉 탐심, 분노하는 마음, 그리고 무명의 마음을 버리고 깨끗한 자기의 본래 마음을 유지해야 한다. 맑은 정신으로 부처님의 가르침에 집중하고 항상 깨어 있어야 한다. 죽은 후 해탈할 것인가 아니면 환생할 것인가는 그동안 행하여 왔던 것과 죽는 순간에 했던 생각, 즉 그 순간의 마음의 상태가 결정적 영향을 미친다.

특히 죽는 순간 했던 생각은 죽은 후에 다시 살아난다고 한다. 불국토에 태어나길 기원하고 계속 염불해야 한다. 그리고 육신을 떠나면서 사후에 경험하는 모든 것은 내 마음이 만든 것이고 참마음의 나툼이라고 알아야 한다. 특히 아침 동트듯 밝아오는 빛이나 눈부시게 밝은 빛은 나의 참성품의 빛임을 알고 그에 합일하여 해탈하도록 해야 한다. 만일 환생하려면 인간계에 태어나길 기원하고 특히 불도를 닦을 수 있는 부모를 만나도록 기원해야 한다.

법화경 제바달다품에서 법화경을 수지 독송하는 사람은 지옥, 아귀, 축생에 떨어지지 않고 부처님 앞에 환생한다고 한다. 보현보살권발품에서는 법화경 수행자는 명을 마칠 때 일천 부처님이 인도하여 공포 없고 악취(나쁜 곳)에 안 떨어지고 도리천상의 미륵보살 처소에 환생한다고 부처님께서 말씀하셨다. 그리고 법화경 법사품에서 법화경 수지 독송자는 중생을 불쌍히 여겨 청정한 정토를 버리고 세상에 나온 것이니 이 사람은 나고자 하는 곳에 자재하다고 말씀하셨다. 범인은 태어날 때도 업으로 태어나고 죽을 때도 업으로 죽지만 고도로 수행한 이는 원하는 곳에 태어나고 그가 원하여 죽는 것이다.

지금 이 순간 이전이 전생이고 이 순간 이후가 내생이다. 지금 이 순간 내가 어떻게 살고 있는가는 전생에서 내가 쌓은 업에 의하여 결정되고 내생에 내가 어떤 삶을 살게 될 것인가는 지금까지 내가 쌓은 업에 의하여 결정된다. 누구나 전쟁이 없는 태평성대에 풍족하게 사는 나라의 좋은 가정의 좋은 부모 밑에 태어나서 공부도 잘하고 좋은 직장에 좋은 배필을 만나서 행복하게 살고 싶어 한다. 그리고 다음 생에도 그렇게 되길 바랄 것이다. 불교에서는 그렇게 되는 것이 우연이 아니고 다 자기가 하기에 달렸다고 한다. 금생과 내생에 불행과 고통을 피하려면 부처님의 가르침에 따라 수행을 하여 업을 소멸하고 해탈하는 길밖에 없다.

그리하여 17세기 티베트의 유명한 선승 첼레 낱속 랑드롤(Tsele Natsok Rangdrol)은 생시와 죽음에 대비한 수행의 요체를 다음과 같이 노래했다.

여러 가지 나툼인 모든 현상을 꿈으로 알라.
그것은 우리 마음의 반사에 지나지 않으며
환(幻)이고 비실(非實)이다.
어떤 것도 집착하여 붙잡지 않고
모든 관념들을 우리 참마음의 지혜 속에 쉬라.
이것이 금생에서의 수행의 핵심이다.
우리는 곧 죽게 된다.

그 어떤 것도 도움이 안된다.
죽음에서 경험하는 것은 너 자신의 생각일 뿐이다.
어떤 생각도 하지 않고 그 생각들이
너의 참마음의 스스로 아는 성품 속에서 다 사라지게 하라.
이것이 죽음을 위한 수행의 핵심이다.
현상과 현상의 사라짐 그것이 좋건 나쁘건
모든 것에 대하여 집착하는 것은 너의 마음이다.
그리고 이 마음 자체가 법신의 스스로 빛남이다.
모든 일어나는 현상에 집착하지 않고 생각하지 않고
그것을 수용하거나 거부하지 않는 것
그것이 법성 바르도를 위한 수행의 핵심이다.
생사유전이 우리 마음이고 열반 또한 우리 마음이다.
모든 즐거움과 괴로움 그리고 모든 망상은
우리 마음과 별개로 존재하는 것은 아니다.
너의 마음을 조복하는 것이
환생 바르도를 위한 수행의 핵심이다.

빠르고 손쉬운 길

28
의지할 경전 : 법화경

　법화수행자는 무엇보다도 그 많은 부처님 가르침 중에서 왜 법화경에 의지하여 공부를 하고 수행을 하여야 하는가 그 이유를 분명히 알지 않으면 안 된다. 그리고 그러한 이유를 알기 전에 근본적으로 왜 부처님의 가르침인 불교공부와 수행을 해야 하는가에 관하여도 자기 나름대로 분명한 이유와 입장이 정리되어 있어야 한다.

　경상도 시골 농촌의 부유한 가정에서 태어난 성철스님은 가정이 어렵거나 참기 어려운 개인적인 불행이 있어서 출가하고 8년간 눕지 않고 앉아서 참선하고 10여 년간이나 문 밖 출입을 하지 않은 고행을 하신 것이 아니다. 그 분은 오직 인간과 인간세상에 대한 근본진리를 깨치기 위하여 출가하고 치열한 수행을 하셨다.

　숭산스님의 미국인 제자인 현각스님은 미국의 경제적으로 여유 있는 명문가정에서 태어나 명문대학에서 공부한 엘리트로서 졸업과 동시에 좋은 직장, 남부럽지 않은 결혼과 가정 등 행복한 미래가 보장되어 있었음에도 불구하고 나는 누구인가 그리고 진리란 무엇인가에 대한 풀리지 않는 의문 때문에 출가하여 지금껏 수행하고 있다.

그런가 하면 티베트의 성자 밀레르빠는 자기 집의 재물을 가로채고 집안을 망하게 만든 삼촌 일가를 몰살시킨 후 참을 수 없는 마음의 괴로움 때문에 출가하여, 히말라야 설산 동굴에서 근처에서 나는 야생풀로 연명하면서 알몸으로 수년간 고행을 하여 마음의 평화를 얻었다.

그의 10만 송은 득도하고 얻은 열반의 기쁨을 노래한 것이다.

영국의 한 평범한 가정에서 출생하고 성장한 텐진 빠모는 일찍이 티베트 불교에 심취하여 출가하고 히말라야 설산 동굴에서 20년 가까이 홀로 수행을 하였다.

그 분들이 바보가 아닌 다음에야 무엇 때문에 그러한 고행을 스스로 하였겠는가? 그러한 수행으로 그들이 멀리한 세간의 생활에서 얻는 행복보다 더 영원하고 진정한 행복이 얻어지지 않는 것이라면 올바른 정신과 마음을 가진 사람들이라고 할 수 없을 것이다.

부처님의 가르침에 귀의하여 공부하고 수행하는 것은 소극적으로는 마음의 고통에서 해탈하고 적극적으로는 진정한 나를 찾고 인생과 우주의 진리를 깨치고 결국 일시적인 행복이 아니라 지극하고 영원한 행복을 얻는 것이 목적이다. 불교의 수행으로 얻어지는 행복은 열반의 행복으로 그것이 다름 아닌 극락, 즉 지극하고 지극한 행복이다. 인도의 성자 라마나 마하리쉬는 불교 수행자는 아니지만 진아(眞我)를 찾아 진아에 편안히 머물면 지복, 즉 최고의 행복을 맛본다고 했다. 그것은 부와 권력, 명예나 성적 쾌락과 같은 일시적인 세속적 즐거움과 비교될 수 없는 무상의 즐거움이라 한다. 열반경은 열반, 즉 니르바나(Nirvana)의 공덕으로 영원하고(常), 지극히 즐겁고(樂), 진정한 나이며(我), 깨끗한 것(淨) 네 가지를 들고 있다. 일시적이며 깨끗치 못한 세속적 욕락(欲樂)과 달리 모든 번뇌와 망상이 다한 니르바나의 즐거움은 깨끗하고 영원하며 진정한 나의 무상의 행복인 것이다.

그러므로 마음의 고통에서 해탈하고 진정 영원한 행복을 얻으려면 불법에 귀의하여 공부하고 수행하지 않을 수 없는 것이다.

해안스님은 그의 금강반야바라밀경 강의에서 사람은 이 세상에 태어난 이상 누구나 다 "잘 살고 싶어 한다."고 하면서 "……근심과 고통이 없는 것이 잘 사는 것이요, 원망과 분함이 없는 것이 잘 사는 것이요, 공포와 비애가 없는 것이 잘 사는 것이요, 미움과 질투가 없는 것이 잘 사는 것이요, 성쇠의 변함이 없는 것이 잘 사는 것이요, 해탈과 자유가 있는 것이 잘 사는 것이요…… 마음에 흡족함이 있는 것이 잘 사는 것이다." 그리고 그렇게 잘 사는 길이 바로 불법을 공부하고 수행하는 길이라고 말씀하신다.

부처님은 30대에 성도하고 난 후 40년 이상을 설법하여 많은 사람들을 제도하고 80세에 열반하셨다.

40여 년 설법한 부처님의 가르침은 참으로 그 양이 방대하다. 천태지자 대사는 이렇게 많은 부처님의 가르침을 시기별로 다섯 단계로 구분하였다.

첫째 시기가 화엄시기로서 성도 후 삼칠일 동안 깨친 진리를 그대로 설하셨는데, 상대세계에 살고 있는 일반 사람들이 절대적 차원의 말씀을 도저히 알 수가 없었다고 한다. 그리하여 부처님은 상대적 현상계의 인간의 능력에 맞게 방편을 사용하여 기초부터 차근차근 가르치기 시작하셨는데 그것이 두 번째 시기인 12년간의 아함시대이다. 이때 설하신 것이 아함경이며 주로 고(苦), 무상(無常), 무아(無我) 등을 설하고 연기법, 사성제(四聖諦), 팔정도(八正道) 등의 가르침을 통하여 고통에서 해탈하여 마음의 평정을 찾는 길과 방법을 제시하셨다.

잡아함경에서,

"여섯 가지 떳떳한 행이 있다. 어떤 것을 여섯이라 하는가. 혹 비구는 눈으로 색을 보아도 괴로워하지 않고 즐거워하지도 않으며 평정한 마음에 머물러 바른 생각과 바른 지혜를 가진다.

귀로 소리를, 코로 냄새를, 혀로 맛을, 몸으로 촉감을, 의지로 법을 분별할 때 괴로워하지도 않고 즐거워하지도 않으며 평정한 마음에 머물러 바른 생각과 바른 지혜를 가진다. 만일 비구로서 이 여섯 가지 떳떳한 행을 성취하기란 세상에서 찾아보기 어렵다." (동국대 출판부, 한글 아함경, p.317) 고 부처님께서 설하셨다.

또한 아함경(Samyutta-Nikaya)의 다른 곳에서는,

"이 연기법은 의미가 깊은 것이다⋯⋯ 이 세상 사람들이⋯⋯ 잡초같이 뒤엉켜 네 가지 악도(惡道)를 벗어나지 못하고 윤회를 거듭하는 것은 이 연기법을 철처히 이해하고 알지 못하기 때문이다.

아난아 사람들로 하여금 집착을 일으키게 하는 모든 즐거운 것들을 생각하면 탐욕이 생기고 그 탐욕으로 집착이 생기고 집착이 인(因)이 되어 탄생과 죽음의 과정이 일어난다. 이러한 과정으로 환생이 있게 되고 환생하여 다시 늙고 죽으며 슬픔과 고통 그리고 절망이 있게 된다. 그리하여 모든 고통이 다시 일어나게 된다.

그러나 집착을 일으키게 하는 모든 것의 고통스러운 면을 생각하면

탐욕이 그치고 탐욕이 그치면 집착이 그치게 되고 집착이 그치면 환생이 멈추고 환생이 멈추면 늙음과 죽음, 슬픔과 괴로움 그리고 절망이 소멸한다. 그리하여 모든 고통이 소멸하게 된다."고 부처님께서 설하셨다. 우리는 이러한 말씀을 통하여 아함시대의 가르침이 어떤 것이었는가를 잠시나마 엿볼 수 있는 것이다.

세 번째 시기가 방등시로서 8년간 유마경, 승만경 등 방등부의 경전을 설하신 시기이다. 아함시대가 불법으로 사람들을 끌어들이는 유인의 시기였다면 방등시기는 소승들의 단견과 그릇된 견해들을 부정하고 비판하여 그들로 하여금 이타행(利他行)의 대승으로 나아가게 하는 시기였다.

유마경의 예에서 보면 부처님이 사리불, 목건련, 마하가섭 등 500명의 주요 성문 제자들에게 유마거사에게 문병갈 것을 권유하였지만 그들은 모두 과거 유마거사와의 만남에서 그들의 그릇된 견해를 지적받고 모두 혼이 난 경험이 있는지라 그에게 문병갈 자격이 없다고 사양하였다. 부처님은 그 다음으로 미륵보살, 광엄보살 등 보살들에게도 같은 권유를 했으나 모두 사양하게 되고 결국 문수보살이 대표로 문병을 가게 되었다. 병상에서 문병 온 문수보살을 보자 유마거사는 "어서 오십시오 보살님은 온다는 생각 없이 오시고 본다는 생각 없이 보십니다."하고 말문을 연다. "보살님의 병환의 원인은 무엇입니까?"하고 문수보살이 묻자 "보살의 병환은 큰 자비심에서 오는 것입니다."라고 유마거사는 대답한다.

"거사님의 집은 왜 텅 비어 있으며 하인도 없습니까?"

"모든 불국토도 역시 공(空)합니다."

"불국토는 무엇이 공합니까?"

"그것은 공한 것도 공합니다."

"왜 공함도 공합니까?"

"공한 것은 차별이 없으므로 공합니다."

결국 모든 차별 역시 공하다는 식으로 대화는 계속 이어진다. 이러한 차별은 전도된 생각이 그 뿌리이다. 모든 현상은 비실(非實unreal)이다. 모든 것은 존재(有)도 아니고 비존재(無)도 아니다 하는 식으로 그때까지 소승들이 행하여온 이분법적 차별과 집착을 하나하나 깨어 부순다. 생과 사, 남과 여, 주관과 객관, 깨끗함과 더러움 등 모든 이원적 관념들을 타파하여 차별의 상대적 세계에서 불이(不二)의 절대세계로 나아가게 한다.

유마거사와 문수보살 간 대화의 압권은 "보살은 어떻게 불이(不二)의 법문에 드는가?"라는 질문에 문수보살은 "모든 것이 언설(言說)을 떠나 있고 가리킴과 인식도 없으며, 모든 문답을 떠나 있으면 이것을 불이법문에 들어간다고 한다."라고 대답한다. 그러나 유마거사는 한 마디 말도 없이 침묵으로 대답하는 것이다. 침묵이야말로 최상의 불이법문인 것이다.

네 번째 시기가 이른바 반야시로서 금강경을 비롯한 반야경 계통의 가르침을 편 20여 년간의 기간을 말한다. 이 기간에는 금강경에서 볼 수 있듯이 모든 차별상(差別相)을 철저히 타파하고 철저한 공(空)의 실천을 가르치고 있다.

마찬가지로 반야심경에서 우리의 몸과 마음도 공하고 물질도, 소리도, 냄새도, 맛도…… 모두 공하여 없다고 설하는 것은 현상계를 초월하여 변함없는 절대진리의 세계에 눈뜨게 하는 것이다.

　다섯 번째 시기가 마지막 단계인 법화 열반시로서 법화경(8년간)과 열반경(하루낮 하루밤)을 설한 기간을 말한다. 열반경은 법화경의 가르침에서 누락된 사람들을 '이삭 줍듯' 제도하기 위하여 설한 경으로서 그때까지의 가르침을 다시 정리한 것이라 한다. 법화경은 그 이전까지의 가르침이 법화경에서 밝히려는 진리를 위한 준비과정이요 방편이었다고 선언한다. 법화3부경의 하나인 무량의경 설법품에서 그동안 많은 것을 설하였으나 모든 중생들의 "성품과 하고자 하는 것이 같지 아니함으로 방편의 힘으로써 하였으며 40여 년 동안 진실을 나타내지 아니하였느니라."고 부처님께서 말씀하시고 법화경에 이르러 진실을 나타내게 되었다고 한다.

　법화경 방편품에서,

　"세존은 설법하신 지 오랜 뒤에 반드시 진실법을 설하시나니……중생들이 처처에 집착하므로 이들을 이끌어 해탈케 하고자 부처님 방편의 힘으로 삼승의 교법을 보인 것이니라."라고 하며 법화경에 이르러 진실법을 설하게 되었음을 알리고 있다. 그동안 방편설법을 한 것은 "……모두 일불승을 수행하여 (부처의 지혜인) 일체종지를 얻게 하기 위함이니라."하고 설하셨다. "부처님이 이 세상에 나오심은 부처님 지혜를 설하기 위함이며 지금이 바로 그때로다." 하고 법화경에 이르러 방편을 버리고 실상진리(實相眞理)를 밝히고자 한다고 선언하셨다.

　법화경의 법사품에서,

　"내가 설한 경전이 한량없어 천만억이니 이미 설하였고 지금 설하며 앞으로 설하니라. 그러나 그 중에서 법화경이 가장 믿기 어렵고 알기 어려우니라."고 설하셨다.

이미 설한 것은 화엄부, 아함부, 방등부, 반야부의 모든 경전을 말하고 지금 설하는 것은 무량의경과 법화경이며 미래에 설할 것은 열반경을 가리킨다.

법화경의 견보탑품에서는,

"내가 불도를 위하여 한량없는 국토에서 처음부터 지금까지 널리 모든 경을 설하였으나 그 중에서 이 경이 제일이니라."라고 말씀하셨다.

그리고 법화경 곳곳에서 법화경 이전까지의 경전은 전부 방편 설법이었으며 법화경이야말로 최고의 그리고 궁극의 진실 법문임을 천명하였다.

그 전까지의 가르침은 법화경의 일불승(一佛乘)에 도달하기 위한 조도품(助道品)이요, 아라한, 성문, 벽지불, 보살 등 준비단계의 가르침에 불과한 것이다.

예컨대 반야부는 법화경 바로 전 단계의 가르침인데 여기에서는 공의 실천을 주로 가르쳤다. 그것은 아상(我相), 인상(人相), 중생상(衆生相), 그리고 수자상(壽者相) 등 사상(四相)을 여의지 않고는 일불승 대도(大道)로 나아갈 수 없기 때문이다.

부처는 자비의 화신이며 자비를 실천하는 이가 바로 부처이다. 그런데 부처가 되어 자비를 실천하려면 아상의 철저한 타파 없이는 불가능하다. 그러니 일불승을 가르치기 전에 아상을 버리라고 가르친 것이다.

반야부의 경전에는 자비라는 단어가 별로 눈에 띄지 않지만 법화경에 와서야 자주 접하게 되는 것도 이 때문이다.

그러므로 법화경 화성유품에서 ①부처님이 열반에 들 시기가 도래하였고 ②중생들이 청정하고 신심과 아는 것이 견고하며 ③공법을 통달하고(了達空法) ④깊이 선정에 든 것(深入禪定)을 알면 그때 보살과 성문에게 묘법연화경을 설한다고 부처님께서 말씀하셨다.

이렇게 볼 때 그동안에 방편으로 나누어 설하신 성문·연각승과 보살승 등 3승을 누구나 다 부처가 될 수 있다는 일불승(一佛乘)으로 회통시킨 법화경이야말로 우리의 공부와 수행을 위하여 궁극적으로 의지해야 할 경전이 아닐 수 없다.

29
혼자 힘만으로는 어렵다

우리나라에서는 불가 수행자들의 대부분이 화두선(話頭禪)을 주로 하고 있다고 해도 과언이 아니다. 그것은 자나깨나 화두를 지극히 의심하면서 깊은 삼매에 들어가는 방법으로서 대단히 어려운 자력수행(自力修行)의 길이다.

성철스님의 8년 장좌불와(長坐不臥)는 자력수행의 철저함을 모범으로 보여주는 것이기도 하지만 또 다른 한편으로는 자력수행이 얼마나 어려우며 일반인들로서는 감히 엄두도 못 낼 고행의 길임을 보여준다.

견성성불(見性成佛)하기 위하여 누구나 다 출가를 해서 오랜 세월 동안 고행을 해야 한다면 대부분의 생활인들에게 있어서 득도(得道)란 아예 불가능한 일일 것이다.

더구나 요즘같이 바쁘게 돌아가는 세상에서, 이른바 말법시대(末法時代)의 오탁악세(五濁惡世)에서 그러한 자력수행은 감히 엄두도 못 낼 일이다.

신라나 고려시대에 불교가 일반 백성들에게 널리 보급될 수 있었던 것은 부처님의 위신력에 의지하는 염불선(念佛禪)이 크게 유행하였으므로 가능하였다. 오늘날 우리 나라에 기독교가 널리 보급되고 있는 것도 '하나님'의 힘에 의지하는 타력신앙(他力信仰)의 덕택일 것이다.

우리나라 선불교(禪佛敎)의 원류인 중국에 처음으로 선을 전한 이는 인도에서 온 달마라고 알려져 있다.

달마 선사가 중국에 올 때 가지고 온 유일한 경전은 능가경(楞伽經 Lankavatara sutra)이었다.

이때만 해도 화두선의 방법은 아직 등장하기 이전이었고, 수행자들은 경전의 한 구절 한 게송(偈頌)만 듣고도 큰 깨우침을 얻을 수 있었다.

6조 혜능(慧能)만 해도 금강경(金剛經)의 응무소주 이생기심(應無所住 而生其心) 즉,

"마음을 내되 머무름 없이 내라."

는 한 구절을 듣고 큰 깨우침을 얻었다고 알려져 있다.

그러나 6조 이후 화두선이 등장하고부터 점차 자력수행이 강조되고 불교는 일반 생활인들과 점점 거리가 멀어지게 되었다.

특히 요즘 일반인들이 사찰을 찾는 것은 성불수행이나 염불을 위해서가 아니라 오직 기복(祈福)의 불사(佛事)를 위함이다. 그러나 달마가 가지고 왔다는 유일한 경전인 능가경에 보면 보살이 공부하고 삼매에 드는 것도, 신통력을 얻는 것도 모두 부처님의 가피력과 위신력으로서만 가능하다고 설하고 있다.

"그(보살)로 하여금 마업(魔業)과 모든 번뇌를 멀리 떠나게 하려는

까닭에, 성문지(聲聞地)에 떨어지지 않게 하려는 까닭에, 속히 여래지(如來地)에 들게 하려는 까닭에, 얻은 바의 법(法)이 더욱 증장되게 하려는 까닭에 모든 부처님께서 가지력(加持力)으로써 모든 보살들을 가피(加被)하신다. ……대혜여 만일 그렇게 하지 않으면 저 보살들이 문득 외도와 성문과 마의 경계등에 떨어져서 무상보리(위없는 깨달음)를 얻지 못하므로 여래는 가지력(加持力)으로써 모든 보살들을 거두어 주신다."

고 능가경에서 부처님이 말씀하셨다.

이러한 가르침은 모든 경중의 제일 경전인 법화경에서 특히 강조되고 있다.

부처님이 열반하신 뒤에 법화경을 수지하는 이는 우선 부처님이 호념(護念)하시는 사람이어야 한다.

법화경을 수지독송(受持讀誦)하고 가르침대로 행하면 누구나 성불할 수 있다는 것이 바로 법화경의 가르침이다.

수지독송하고 가르침대로 행하는 일은 자기 스스로 하여야 하는 자력수행이다.

그러나 법화경을 독송함으로써 부처님의 호념을 받고 위신력을 받아 법화삼매에 들고 성불하게 되는 것은 바로 타력수행(他力修行)에 다름 아니다.

법화수행의 하나는 '나무묘법연화경'하고 염송하는 것인데 이것은 일종의 진언(眞言)으로 만트라(mantra)수행에 해당한다. 만트라는 깨침의 성스러운 소리이며 불·보살의 가피력으로 진언을 염송하는 사람을 보호하고 깨침으로 인도하는 신비한 힘이 있다고 한다.

　법화경을 독송하고 '나무묘법연화경'하고 만트라를 염송하면 부처님의 위신력과 가피력으로 속히 성불한다. 법화경에 대한 깊은 신심으로 정진하는 자력수행과 부처님의 가피력이라는 타력이 잘 조화를 이루고 있는 것이 법화수행의 좋은 점이다.

　자력수행 없는 타력의 가호란 있을 수 없고 부처님의 가호(加護)없이 자력수행만으로 성불하기란 어렵다.

　자재 만현스님은 그의 저서 '21세기 붓다의 메시지'에서 중생들이 자력(自力)으로 오를 수 있는 것은 아라한이 한계이고, 보살 이상의 경계와 지위에 오르는 것은 부처님의 위신력과 가피력이란 타력(他力)의 도움 없이는 불가능하다고 주장하신다.

　어찌 됐든 우리나라 불교가 자력수행만을 고집하는 병폐를 하루 속히 탈피할 때 불교가 우리 생활인들에게 더욱 가까이 다가올 수 있고 친숙해질 수 있는 것이며, 기복 일변도의 사찰불사(佛事)에서 벗어날 수 있으리라.

30
중생에서 부처까지

깨우치면 부처이고 깨우치지 못하면 중생이다.

법화경에는 중생과 부처인 여래에 관한 묘사가 이곳 저곳에 많이 보인다.

우선 중생은 착한 근본(善根)을 심지 못하고 다섯 가지 욕망, 즉 식욕, 색욕, 재욕, 수면욕, 명예욕에 집착한다.

어리석음과 탐욕으로 항상 번뇌하면서 삼악도(三惡途)에 떨어지고 육도(六途)를 윤회하며 온갖 고통을 받는다. 태중의 미미한 형상은 태어나 자라면서 박덕하고 복이 없어 모든 괴로움에 시달린다.

있다·없다를 분별하는 등 여러 가지 사견(邪見)의 숲에서 헤어나지 못하고 헛된 현상에 집착하여 버리지 못한다. 교만심과 자존심이 높고 아첨하는 마음, 참되지 못한 마음으로 천만억 겁이 지나도록 부처님 이름조차 듣지 못한다.

이러한 중생들은 구제하기 어렵다고 하였다.

욕으로 가득한 이 세상은 마치 불타는 집과 같다.

중생들은 그 속에서 보잘것없는 장난감에 팔려 곧 불에 타 죽게 될 것도 모르고 있는 철없는 어린아이들과 같다고 하였다.

모든 중생은 현세에서 생노병사(生老病死)의 고통을 받고 근심걱정과 번뇌로 고통 받으며 다섯 가지 욕심과 재물을 탐하여 고통을 받다가 죽어서는 지옥, 축생, 아귀의 괴로움을 받기도 한다.

어쩌다 천상이나 인간계에 태어나더라도 빈궁하고 곤궁하며, 사랑을 여의는 괴로움, 미운 사람을 만나는 괴로움 등 여러 가지 괴로움을 받는다.

그들은 마치 불타는 집 속의 아이들과 같이 희희낙락 놀면서 깨닫지도 못하고 알지도 못하고 놀라지도 않고 무서워하지도 않고 싫어할 줄도 모르고 해탈을 구하지도 않으며 분주히 살아가고 있다.

이러한 묘사를 통하여 보건대 중생의 삶은 탐욕으로 가득한 삶이요, 오욕락(五欲樂)에 집착한 삶이란 것이다. 그리고 또 중생의 삶은 시비분별(是非分別) 등 사견(邪見)으로 꽉 막힌 삶이다.

중생은 교만심과 아만심이 하늘같이 높고 아첨하는 마음으로 꽉 차 있다.

그리하여 중생의 삶은 박덕하고 빈궁하며 근심과 고통의 연속이다.

그러면서도 그것을 알지도 못하고 두려워할 줄도 모른 채 살아가고 있다는 것이다.

이에 반하여 부처님 여래는 모든 세상의 아버지로서 온갖 공포와 근심 걱정과 환난과 어려움이 영원히 다하여 남음이 없으며, 무한한 지견(知見)과 힘(力)과 두려움 없음을 모두 성취하고, 큰 신통력과 지혜의 힘이 있으며, 방편 바라밀과 대자대비를 함께 갖추고 있으며, 언제나 모든 중생을 구제하여 이롭게 한다.

부처님은 스스로,

"나는 여래(如來), 응공(應供), 정변지(正遍知), 명행족(明行足), 선서(善逝), 세간해(世間解), 무상사(無上士), 조어장부(調御丈夫), 천인사(天人師), 불세존(佛世尊)이니, 제도(濟度)되지 못한 사람을 제도하고 해탈하지 못한 사람을 해탈케 하며, 편안치 못한 사람을 편안케 하고 열반을 얻지 못한 이를 열반 얻게 하며, 금세와 후세를 사실대로 아나니 나는 모든 것을 아는 자이며, 모든 것을 보여주고 알게 하고 도를 보여주고 도를 설하는 자이니라."

고 말씀하셨다.

부처님의 열 가지 호칭 가운데 여래는 항상 와 계시는 분이란 뜻이고, 응공은 응당 공경 받는 분, 정변지는 바르게 널리 아는 지혜를 갖추신 분, 선서는 번뇌를 완전히 떠나신 분, 무상사는 더 없이 높은 분, 조어장부는 중생을 잘 교화하는 분, 천인사는 천상계와 인간계의 스승, 그리고 불세존은 깨달은 분이란 뜻이다.

부처님이 세상에 출연한 일대사 인연(一大事 因緣)은 중생에게 부처님 지견(佛知見)을 열어서(開) 중생을 청정(淸淨)케 하고 중생에게 불지견을 보이고(示), 중생으로 하여금 불지견을 깨닫게(悟) 하고 중생이 불지견에 들게(入) 하기 위함이다.

또한 부처님은 모든 법의 실상을 다 아신다.

모든 법의 모양(相), 성질(性), 체(體), 힘(力), 작용(作), 인(因)과 연(緣),

과(果)와 보(報), 그리고 본말구경(本末究竟) 즉, 궁극의 진리와 실상을 다 아신다. 뿐만 아니라 중생의 마음에 생각하는 일, 모든 욕망과 성품, 전생의 선악의 업을 모두 아신다.

중생들의 근기가 영민한가 아둔한가를 알아 그에 맞추어 방편에 따라 법을 설하신다.

중생들은 부처님의 법을 듣고 현세에 평안함을 얻고 내세에 좋은 곳에 나서 쾌락을 받는다.

부처님이 이 세상에 출현하여 설법하는 것은 마치 큰 구름이 대지 위에 비를 내려 바짝 마른 초목(草木)들을 충분히 윤택케 함과 같이 목마른 중생으로 하여금 모든 괴로움을 여의고 안은한 낙(安隱樂), 세간의 낙(世間之樂)과 열반의 낙을 얻게 한다.

한가지 비를 맞고도 초목의 생장(生長)함이 다 다르고 같은 햇빛을 받고도 초목의 자라남이 다 다르듯이 한 모양 한 맛(一相一味)의 부처님 말씀을 듣고도 중생 역시 그 근기에 따라 성취하는 바가 다르다.

조금이나마 불법을 듣고 수행하여 인간이나 천상에 태어난 이들은 작은 약초요 네 가지 진리와 연기법 등을 듣고 수행이 깊어 모든 번뇌를 여의고 신통력을 얻은 아라한과 벽지불은 중간약초이다.

세존 계신 곳을 찾아 나도 성불하리라 굳게 다짐하고 수행정진하고 깊이 선정을 닦으면 이것은 상등약초(上等藥草)요, 불도(佛道)에 전심하여 항시 자비(慈悲)를 행하고 성불할 것을 다짐하여 의심 없으면 이런 불자는 작은 나무(小樹)이다.

그러나 항상 선정에 머물러 신통력을 얻어 모든 법이 공함을 듣고 마음에 크게 환희하며 무한한 빛을 발하고(放無限光) 모든 중생을 제도하는 이는 큰 나무(大樹)이다. 이 큰 나무는 신통(神通)에 편안히 머물러 불퇴전의 법륜을 굴리어 무수한 중생을 제도하는 보살이다.

부처님의 가르침에 따라 불도를 닦고 수행하는 목적은 살면서 겪게 되는 모든 마음의 고통에서 해탈하여 열반을 얻고 부처님처럼 성불하는 데 있다. 범부·중생들이 그러한 어렵고도 긴 수행의 결과에 따라 아라한도 되고 보살도 되고 부처가 된다.

수행으로 자신의 번뇌를 극복하고 모든 욕망, 사견 그리고 무명을 소멸시킨 최고의 수행자를 소승에서는 아라한(Arhat)이라 한다. 그는 감각적 욕망, 영원히 살려는 욕망, 그릇된 견해 그리고 진리에 대한 무지 등 거듭되는 고통스러운 환생의 원인이 되는 유루(有漏)의 번뇌를 제거하고 또한 고통스러운 삶의 세계에 우리를 속박하는 아견(我見), 의심, 단순한 의식(rituals)에 대한 집착, 욕정과 탐욕, 악의(惡意), 색계(色界)에 대한 집착, 무색계(無色界)에 대한 집착, 아만(我慢), 안절부절하는 분주한 마음, 무명(無明) 등 열 가지 구속을 다 제거하여 해탈한 수행자이다. 그는 금생에서 탐, 진, 치를 포함한 모든 번뇌에서 해탈하여 열반을 얻고 환생의 굴레에서 해방된 소승 최고의 수행자이다.

법화경 서문에서

"이들 비구는 모든 번뇌가 사라져 다시는 미혹이 없으며 자기이익(自己利益)을 얻어 25가지 결박이 소멸되고 마음의 자유를 얻은 아라한들이었다."라고 아야교진여, 마하가섭 등 아라한들에 대하여 묘사하고 있다.

그러나 대승에서는 오직 자기의 해탈에만 관심을 가질 뿐 고통에서 신음하는 주위의 중생에게는 무관심한 아라한을 별로 좋은 수행의 본보기로 보지 않는다.

그리하여 자신만의 해탈이라는 자기이익(自利)은 물론이고, 중생제도라는 이타(利他)를 강조하는 보살이 등장하게 되었다. 소승의 소의 경전인 아함경에서는 전생의 수행과정에 있는 부처님을 보살이라 부르고 있지만, 소승 수행자들은 이상하게도 보살을 수행의 본보기로 삼지 아니하였다. 보살이 수행의 본보기가 된 것은 대승시대에 들어와서의 일이다.

법화경 서품에서 문수사리보살, 관세음보살 등 영산법화회상에 모인 보살들을 "대보살 팔만 명이 있었으니 모두 가장 높고 완전한 깨달음에서 퇴전이 없고 다 한량없는 다라니와 네 가지 걸림 없는 변제(四無礙辯)를 얻어 불퇴전법륜을 굴리며 한량없는 백천만억 여러 부처님께 공양드리고 많은 부처님 처소에서 온갖 덕본(德本)을 심어 항상 모든 부처님의 칭찬을 받으며 자비로 몸을 닦고 부처님 지혜에 잘 들며 큰 지혜를 통달하여 깨달음에 이르고 명성이 널리 한량없는 세계에 퍼지며 능히 백천만억 무수한 중생을 제도하는 분들이었다."라고 묘사하고 있다.

보살은 자기 자신 진리를 깨치고자 할 뿐만 아니라 많은 고통 속에 있는 다른 이들도 진리를 깨닫고 해탈하게 하고자 수행 정진하고 수행한 바를 실생활 속에서 실천해가는 대승의 수행자이다.

특히 보살은 보시(布施), 지계(持戒), 인욕(忍辱), 정진(精進), 선정(禪定), 지혜(智慧)의 6바라밀과 방편(方便) 바라밀 등을 수행하고 실천한다.

화엄경의 십지품(十地品)은 이러한 보살의 수행행로를 열 가지 단계로 나누어 그 치열하고도 아름다운 과정을 잘 묘사하고 있다. 보살이 처음으로 진리를 체득하고 즐거움이 넘치는 제 1지 환희지(歡喜地)에서 출발하여 점차 번뇌의 때를 벗겨가는 두 번째의 이구지(離垢地) 등을 거쳐, 모든 것은 마음이 만든 것이요 일체가 공(空)이라는 것을 깨치는 제 6지 현전지(現前地), 그리고 그렇게 깨친 공 등 불법의 진리를 완성해가면서 보살의 마음가짐에 일대전환을 일으키는 제 8지 부동지(不動地)를 거쳐 드디어 마지막 제 10지 법운지(法雲地)에 도달하여 보살의 수행이 완성된다.

그러한 수행단계를 거치면서 보살은 중생을 포함한 일체 현상의 참 모습에 눈뜨게 되고 인위적인 애씀이 없이(無功用) 자연스럽게 그리고 자유자재로 주위를 교화해나가게 된다.

법화경은 보살의 수행과 실천의 모델로서 상행보살 등 본화보살을 위시하여 상불경보살, 약왕보살, 묘음보살, 관세음보살, 보현보살 등을 등장시킨다.

우선 허공(虛空)에 머물러 있다 사바세계의 땅이 갈라지며 솟아올라온 상행보살 등 본화보살들은 수행이 완성되어 그 몸이 금빛이요 서른두 가지 호상(好相)을 갖추고 광명이 빛나는 존재들이다. 그들은 많은 권속을 거느렸으며 법화경을 수호하고 널리 홍포하는 사명을 부여받은 보살들이다.

그들은 "사바세계의 아래의 허공 가운데 머물러 있으면서 모든 경전을 독송하고 통달하였으며 생각하고 분별하여 바르게 기억하였느니라. ······대중 가운데 머물러 있어도 많은 말 하기를 싫어하고 항상 고요한 곳을 좋아하며 부지런히 정진하여 잠시도 쉬는 일이 없느니라. 또한 인간이나 하늘에 의지하여 머물지 않고 항상 깊은 지혜를 좋아하여 모든 것에 걸림 없으며…… 일심으로 정진하여 무상(無上)의 지혜를 구하"는 보살들이다.

전생에 부처님은 아만심을 버리는 수행을 하고 모든 중생의 불성을 믿는 까닭에 누구도 가볍게 보지 않는 상불경보살이었다. 그는 묘법연화경을 수지독송하여 수명이 연장되어 무수한 부처님 밑에서 보살도를 수행하고 법화경을 설한 공덕으로 성불하게 된다. 상불경보살은 많은 사람들이 박해를 가해와도 계속 참으면서 "당신들은 누구나 다 성불할 것입니다."라고 계속 말한다.

약왕보살은 보시의 모델이다. 그는 불법을 얻기 위하여 몸과 목숨을 아끼지 않고 버린다. 그는 전생에 여러 부처님으로부터 법화경을 듣고 고행 정진하여 마음먹은 대로 몸을 나타내는 삼매를 얻고 기뻐하여 부처님의 은덕에 감사하는 마음으로 그 몸을 신통력과 원력으로 불태워 공양하였다.

묘음보살은 전생에 기악(伎樂)과 칠보바리때로 부처님께 공양드리고 수행하여 신통력을 얻고 자유자재로 필요에 따라 몸을 나타내어 법화경을 설하여 중생을 제도한다. 재상의 몸을 나타내기도 하고 아내의 몸이 되기도 하며 부처님의 형상을 나타내기도 한다.

관세음보살은 너무나 잘 알려진 자비의 보살로서 신심을 가지고 그 이름을 부르면 즉시 응하여 모든 이의 고통을 멸해준다. 그리고 자유자재로 여러 가지 몸과 형상을 나타내어 중생들에게 법화경을 설하여 제도한다.

보현보살은 스스로 법화경을 공경하고 듣고 또한 법화수행자를 도와주고 수호하는 보살이다. 따라서 우리가 법화경을 수지독송하고 법화수행하는 것은 보현행을 하는 것이 된다.

이와 같이 고통 속에 헤매고 있는 범부·중생들이 차츰차츰 수행하여 소승의 아라한이 되는 성문승(聲聞乘)과 연각승(緣覺乘) 그리고 육바라밀 등의 수행으로 자기의 완성은 물론 고통 속의 중생을 진리의 세계로 인도하는 보살승(菩薩乘)은 결국 부처가 되는 일불승(一佛乘)을 위한 방편이었다고 법화경은 설하고 있다.

법화경 비유품에서,

"사리불아 여래는 중생들을 위해 많은 비유를 들어 일불승을 설하느니라. 너희들이 능히 여래의 말을 믿어 받으면 일체중생 누구나 성불할 수 있느니라. 일불승은 미묘 청정하여 최상 제일 되나니 모든 세계에서 위가 없느니라."라고 부처님께서 설하셨다.

법화수행자는 법화경을 수지독송하고 겸하여 육바라밀과 자비희사(慈悲喜捨)의 사무량심(四無量心)의 수행을 하면 속히 성불할 수 있다고 굳게 믿고 오직 정진할 뿐이다.

그러한 수행으로 수행자가 어느 경지까지 갔는지는 오직 부처님만이 아신다고 법화경은 설하고 있다. 그러므로 주위에서 이러쿵저러쿵 떠드는 증상만의 소리에 현혹됨이 없이 오직 수행에 수행을 거듭하는 것이 중요할 뿐이다.

일체중생은 다 불성(佛性)을 갖추고 있으므로 깨우쳐 부처가 될 수 있다.

깨우침의 입장에서 보면 중생이 곧 부처이고 부처가 곧 중생이다. 중생이 중생인 것은 깨우치지 못하고 어두움에 가려 있기 때문이다.

무엇이 중생의 어두움(無明)인가?

원각경(圓覺經)에 의하면,

"무명(無明)이란 일체 중생이 시작 없는 옛부터 길 잃고 헤매는 사람이 동서남북을 잘못 알듯이 지(地), 수(水), 화(火), 풍(風)의 사대(四大)가 임시로 결합한 것을 자기의 몸이라고 잘못 알고 육진(六塵) 경계의 인연 그림자를 자기의 마음으로 잘못 알고(顚倒) 있는 것."

이라고 한다.

우리가 생각하는 몸과 마음은 실상이 아니라 가상(假相)이요 마치 허공에 핀 꽃과 같은 것임을 바로 아는 것, 이것이 다름 아닌 원융한 깨우침(圓覺)이라는 것이다.

무명(無明)이 사라지면 구름 걷힌 하늘에 밝은 해가 드러나듯 원각(圓覺)이 드러난다.

31
나무와 그림자

우리는 육신을 가지고 존재한다. 그리고 그것을 '나'라고 믿고 그것을 보존하기 위하여 엄청난 노력을 한다. 그러한 육신과 함께 생각하는 마음을 나라고 여기며 엄청난 집착을 보인다.

이와 같은 우리의 그릇된 '나'라는 생각과 집착을 치료하기 위하여 사람을 포함한 모든 존재에 고정불변의 '나'라고 할 수 있는 실체가 없다고 부처님께서 무아(無我)를 설하였다. 사람을 포함한 모든 존재와 현상은 일연의 원인에 의존하여 생기고 그러한 원인의 조건이 소멸하면 그것 또한 소멸하고 마는 무아이면서 동시에 무상한 존재로서 집착할 것이 못 된다는 것이다.

그것은 마치 바람이 불면 잔잔한 호수 위에 물결이 일어나는 것과 같다. 바람이라는 원인이 소멸하면 물결 또한 소멸한다.

사람은 존재한다. 그러나 그에게서 '나'라고 할 수 있는 변함없는 어떤 핵심적 실체를 잡아낼 수가 없다. 그러한 '나'라는 존재는 여러 가지 인연의 결과로서 존재하는 일시적 존재인데도, 어떤 불변의 내가 존재하는 것처럼 집착하고 또한 무상한 존재인데도 그것을 영원히 보존하려고 애쓰는 것은 우리에게 많은 고통을 가져온다.

그리하여 부처님은 이 세상의 모든 존재는 인연 따라 생기고 인연 따라 소멸하는 연기적 존재로서 고정불변의 실체인 아(我)가 없다고 설법하셨다.

그렇게 '나'를 부정하면 우리의 존재는 무(無)로 되는가? 그렇지 않다. 인연의 결합체인 우리의 마음과 몸이 행위를 하여 생기는 업의 영향은 끊이질 않고 계속 생을 이어나가게 되며 이러한 업력에 의하여 인간의 모습으로 나툰 것이 지금의 '나'라는 존재가 된다. 그 '나'는 실(實)인 것처럼 보이지만 사실은 가(假)이며 임시적 존재인 것이다. 어떤 항구적인 중심이 없지만 업의 힘에 의하여 생명체는 계속 변하며 이어간다. 큰 물결의 긴 흐름 속에 한 작은 물방울처럼 생사(生死)라는 물결의 긴 흐름 속의 작은 물방울같이 우리는 생과 사의 싸이클을 이어나간다. 무상(無相), 무자성(無自性)이란 말이나 모든 것은 인연 소생이며 모든 것은 공(空)이라고 하는 말들은 다 이러한 현상을 설명하는 말이다.

모든 것이 고정불변하다면 교육은 해서 무엇하겠는가?

아무리 배워 보았자 불변이라면 헛수고일 뿐이다. 어쩌면 그러한 잘못된 인식 위에 인도의 카스트 제도가 기초하고 있는지도 모르겠다. 불가촉 천민은 아무리 좋은 교육을 받고 행실이 양반이라도 천민의 본성은 바꿀 수 없다는 생각 그리고 브라만 계층의 사람은 아무리 무식하고 행실이 개차반이더라도 그의 양반성은 불변한다는 생각이 그

질곡 같은 계급제를 발전시키고 유지하는 원동력이다. 그러한 불변하는 자아(自我)사상을 허물어버리기 위하여 무아설(無我說)을 말씀하셨지만 그것은 일종의 방편이지 절대적 진리가 아니다.

그러함에도 불구하고 항상 이분법적 사고의 습관이 배어 있는 중생들은 곧 모든 것은 '무(無)'라는 허무주의를 진리로 받아들였다. 모든 것이 불변의 아(我)가 있다는 생각이 큰 병이듯이 모든 것이 무(無)라는 것도 큰 병이 아닐 수 없다.

무아를 설하신 부처님조차도 '나'는 하고 말씀하시고 부처님의 가르침인 모든 경전은 "나는 이와 같이 들었다.(如是我聞)" 하고 시작을 한다. 우리가 육신과 마음을 가지고 이 경험세계에서 삶을 유지하는 한 우리는 '나'라는 의식과 '나'의 것이라는 생각 그리고 그러한 말을 떠나서는 한시도 살 수가 없다. 나갈쥬나에 의하면 '나'라는 의식 자체가 문제라기보다는 그러한 의식을 잘못 알고 잘못 사용하는데 오히려 문제가 있다고 한다. 나라는 것이 남과 절대적으로 구분된 것이며 어떤 고정불변의 실체가 있다고 오해하고 그것에 절대적으로 집착하는 것이 잘못된 것이며 '나'라는 것은 일시적이며 상대적인 비실(非實)로서 하나의 가명(假名)에 불과하다고 바르게 알고 사용하면 된다. 그것은 무아, 즉 아의 부정에 있어서도 마찬가지이다. 부처님은 나를 말씀하셔도 무아를 말씀하셔도 집착 없이 바르게 사용하시지만 범부·중생들은 그것이 절대적인 양 어떤 실체가 있는 것인 양 집착하며 사용한다.

그러한 잘못된 인식은 나의 상대인 객체, 즉 외계의 사물과 현상에 대하여도 마찬가지이다. 외계의 사물과 현상이 연기적 존재로 비실이며 공(空)하다고 바로 알면 되지만 그것이 고정불변의 실체가 있는 것이라고 생각하고 집착하면 모든 고통의 원인이 된다. 모든 상을 여의면(無相) 집착과 고통이 소멸하고 진여와 열반 즉 궁극의 실상을 알게 된다.

장님들이 코끼리를 부채 같은 것이라고 하면, 눈 뜬 사람은 "아니다"라고 부정할 수밖에 없고 벽과 같은 것이라 해도 역시 "아니다"라고 부정할 수밖에 없다.

그러면서 코끼리의 실상을 보게 하는 것처럼 유(有)의 극단에서 아무것도 없다는 무(無)의 극단을 진실로 받아들인 중생들의 병을 고치기 위하여 또다시 그것을 부정할 수밖에 없는 것이다.

모든 것이 무아(無我)라면 배우는 자는 누구인가?

또 배워서 무엇을 하겠는가?

그러니 이것 역시 부정할 수밖에 없다.

그리하여 도달하는 것이 공(空)이요, 중도(中道)이다.

유(有)도 아니요 무(無)도 아니요, 유무(有無)가 함께 있는 것도 아니요, 유무(有無)가 다 없는 것도 아니다.

우리 사고의 논리적 가능성을 모두 초월하는 것은 결국 유무의 분별을 떠나서 있는 그대로를 보는 것이다.

아함경에서 부처님은,

"일체는 유(有)라는 주장은 하나의 극(極)이다. 일체는 무(無)라는 주장은 또 하나의 극(極)이다. 여래는 이 두 가지 극을 버리고 중(中)에 의해 법을 설한다."고 말씀하셨다.

열반하시기 직전에 설하신 열반경에서,

"그동안 나는 방편으로 아(我)가 있는데 아가 없다 했고, 아가 없는데 있다고 했으며, 상(常)이 있는데 무상(無常)이라 했고 상이 아닌데(無常) 상이라고 했다."고 말씀하셨다.

나갈쥬나는 그의 중론송에서,

"모든 부처님께서 때로는 '자아가 있다'고 가르치셨고 때로는 '자아가 없다'고 가르치셨으며 제법실상 가운데서는 '자아가 있는 것도 아니고 자아가 없는 것도 아니다'라고 가르치셨다.(諸佛或說我 或說於無我 諸法實相中 無我無非我)"

범부·중생들이 아(我)가 아닌 것을 나라고 잘못 알고 있으면 부처님은 모든 것은 무아(無我)라고 하시면서 그것을 부정하고 모든 것이 무아(無我)라고 그 반대의 극단으로 가면 그것 또한 부정하여 결국 진아(眞我)를 깨닫게 하셨다.

그리하여 우리의 육신과 보통의 생멸하는 마음이 나라는 집착을 초월하여 한마음인 진아(眞我)를 깨치게 하고자 한 것이다. 그것을 열반경에서는 진정한 '나'라 하여 니르바나의 네 가지 특성의 하나라고 부른다.

그것은 마치 2차원의 평면에서 사는 사람이 나무의 그림자를 보고 진짜 나무라고 착각하고 있는 것을 3차원 이상의 세계에 눈뜨게 하여 비로소 진짜 나무를 보게 하는 것과 같다. 그때 비로소 그는 나무가 본(本)이고 나무의 그림자는 가(假)라고 올바로 알게 된다. 그러나 나무의 그림자가 본이 아니고 가이긴 하여도 그것이 전혀 존재하지 않고 무의미하고 소용없는 것은 아니다. 더운 여름에 우리는 나무의 그림자인 시원한 그늘을 찾아 더위를 식힌다. 이와 같이 본과 가를 다 아는 것이 모든 현상의 실상을 아는 것이다.

그리고 그러한 실상을 나타낸 곳이 묘법연화경이다. 법화경 이전의 방편의 가르침은 법화경에 와서 종합되고 본과 가를 다 드러내어 실상을 깨닫게 하였다.

그리하여 부처님이 묘법연화경에서 그때까지의 가르침은 모두 방편설이었다고 말씀하시고 법화경에서 비로소 중도실상의 일불승(一佛乘)을 설한다고 말씀하셨다. 따라서 법화경이야말로 궁극의 진실한 가르침인 것이다.

불교수행과 가르침의 궁극의 목표는 아라한도 보살도 아닌 바로 성불하는 것이다. 부처님은 우리에게 불지견(佛知見)을 열어서(開) 보이고(示), 깨닫게 하고(悟), 들게(入) 하기 위하여 이 세상에 나오시고 묘법연화경을 설하셨다.

묘법연화경을 염송하고 가르침대로 행하면 누구나 성불한다고 말씀하셨다.

32
편안한 수행

법화수행은 법화경을 믿고 지니고 독송(讀誦)하고 설한 대로 행(行)하는 것을 가리킨다.

법화경은 부처님이 설(說)하신 모든 경(經) 가운데 가장 제일 되는 경으로서 여래가 지닌 모든 법과 여래의 온갖 자재한 신력(神力)과 온갖 비밀한 법장(法藏)과 매우 깊은 모든 것을 보이고 드러내어 설하신 경전이다.

그러므로 부처님과 보살들이 항상 호념(護念)하며 또한 보살을 가르치는 경이다.

그 전까지는 욕심 많은 중생들을 위하여 할 수 없이 방편으로 성문연각(聲聞緣覺) 등의 이승(二乘) 또는 삼승(三乘)을 설했지만 이제 때가 되어 일불승(一佛乘)을 설하여 모든 사람이 다 불지견(佛知見)을 갖고 일체종지(一切種智)를 얻게 하여 부처님과 똑같게 되는 길을 설한 것이다.

묘법연화경 방편품에,

"너희들은 이 세상의 스승이신 부처님께서 마땅함을 따라 방편 베푸심을 알았으니 다시는 의혹이 없을 것이요 마음에 큰 기쁨을 내어 자신이 성불함을 확신하라."

고 부처님께서 설하셨다.

그리하여 여래신력품에서는 법화경을 수지독송(受持讀誦)하는 사람이 있거나 그 경이 있는 곳이 곧 도량(道場)이요 모든 부처님이 가장 높고 완전한 깨달음을 얻는 곳이며 법륜(法輪)을 굴리시고 또 열반(涅槃)에 드시는 곳이라 한다.

법화경은 부처님께서 때가 되어야 설하시고 이 경을 만나기도 또한 어렵다.

특히 부처님이 열반에 드신 후 말법시대(末法時代)에는 더욱 그러하다.

그러한 말법시대에는 첫째로 모든 부처님의 호념(護念)을 받고, 둘째로 모든 덕본(植德本)을 심고, 셋째로 올바른 길로 가고 있는 사람(入正定聚), 넷째 모든 중생을 구하려는 마음을 낸 사람이 아니면 법화경을 만날 수 없다고 부처님께서 보현보살 권발품에서 말씀하셨다.

부처님의 호념을 받으려면 부처님과 같은 마음을 갖지 않으면 안 된다.

법화경의 가르침을 줄여서 말하기란 대단히 어렵고 잘못 전달할 위험도 있지만 내가 아는 대로 정리하면 다음과 같이 요약할 수 있다.

첫째, 지금까지 설한 것은 전부 하나의 방편설법이었으며, 이 법화경이야말로 바로 부처 되는 길을 보이는 것이다.

둘째, 법화경을 믿고 수지독송하면 누구나 곧 일체종지를 얻어 성불한다.

셋째, 부처님이 인도에서 태어나 출가하여 6년 고행 끝에 성도하고 50년 가까이 설법하시다 열반하신 것은 방편으로 그런 것이며, 사실 부처님이 성도한 것은 헤아릴 수 없는 오래 전의 일이거니와 그 수명 또한 헤아릴 수 없이 영원하다. 넷째, 법화경을 수지독송하고 설한대로 행하면 그것으로 곧 성불함은 말할 것도 없고, 근심 걱정과 질병이 없는 등 이루 헤아릴 수 없는 공덕을 얻게 된다.

그렇다면 법화수행은 어떻게 하는 것인가?

첫째로, 법화경을 믿어야 하는 것이다.

부처님의 제자 가운데 지혜 제일이라는 사리불도 오직 믿음으로 법화경에 들어왔는데, 하물며 보통 사람들이야 더 말할 필요가 없다.

신심(信心)이야말로 모든 공덕의 어머니이다.

둘째로, 법화경을 받아들여 독송하고, 베껴 쓰고 설한 대로 행하여야 한다.

법을 남에게 설할 때는 여래(如來)의 방에 들어가서 여래의 옷을 입고 여래의 자리에 앉아 설법해야 하는데, 일체중생에 대하여 큰 자비심을 내는 것이 여래의 방이요, 여래의 옷이라 함은 유화인욕심(柔和忍辱心)을 말하며, 여래좌(如來座)라 하면 모든 법이 공하다(一切法空)는 것을 아는 것이다.

특히 오탁악세에서 묘법연화경을 설하려면 다음과 같은 네 가지 법에 안주하여야 한다고 안락행품(安樂行品)은 설하고 있다.

첫째, 보살이 행(行)할 것과 친근(親近)할 곳에 편안히 머무는 것이다.

보살이 행할 것이란 유화인욕(柔和忍辱)하며 착하고 순하며 거칠지 아니한 것이다.

그리고 모든 현상을 실상(實相) 그대로 관(觀)하여 행함이 없어야 하고 분별함도 행하지 않아야 한다.

그리고 또한 가까이 하지 않아야 할 사람들, 흉포한 일을 하는 사람들이나 음녀 등을 멀리하여야 한다. 이것은 주로 우리의 몸가짐(處身)에 관한 것이다.

둘째는, 주로 입 조심하는 일이다.

경전을 설할 때 또는 독송할 때 사람들과 경전의 허물을 말하지 말고 다른 이들을 경만히 여기지 말아야 한다.

또한 다른 이의 장단점을 말하지 말아야 하고 이름을 들어 사람들의 허물과 칭찬을 말하지 말아야 한다.

셋째의 안락행은 우리의 마음가짐에 관한 것으로 남을 질투하고 속이려는 마음을 내지 말고 불도를 배우는 이들을 업신여기고 잘잘못을 찾아내려 하지 말아야 한다.

또한 모든 법을 희론하지 말고 다투는 일을 하지 말며 모든 중생에 대하여 대비심(大悲心)을 내어 불쌍하다는 생각을 내고 여래에게는 인자한 아버지란 마음을 가져야 하고 보살들은 큰 스승이라 생각하여 늘 공경해야 한다.

법을 말할 때는 적게도 많게도 말하지 말고, 비록 법을 좋아하고 사랑하는 사람에게라도 많이 말하지 말아야 한다.

넷째의 안락행은 재가자(在家者)와 중생들에게 큰 자비심을 내어 생각하길, 내가 최고의 깨달음을 얻으면 이들을 이끌어 불법에 머물게 하고 제도하리라고 서원해야 한다.

마지막으로 법화수행하는 이가 법화경을 수지독송하면서 겸하여 보시, 지계, 인욕, 정진, 선정, 지혜의 6바라밀을 행하면 그 공덕은 무량무변하여 헤아릴 수 없이 많다.

우선 성불을 보장받는다.

법사품에서 부처님은,

"여래가 열반에 든 후 어떤 사람이 이 묘법연화경의 한 게송 한 구절이라도 듣고 한 생각이라도 기뻐하여 따른다면 내가 가장 높고 완전한 깨달음의 수기(授記)를 주노라."

하고 설하셨다.

묘법연화경을 수지독송하고 해설하며 베껴 쓰고 경전을 부처님같이 공경하는 사람은,

"오는 세상에 반드시 성불한다."

고 말씀하셨다.

둘째로 묘법연화경을 수지독송하는 이는 항상 부처님과 보살들의 호념과 가호를 받는다.

예를 들면 보현보살 권발품에서 보현보살은,

"이천 오백 년 뒤 흐리고 악한 세상에서 묘법연화경을 받아 지니는 사람이 있으면, 제가 마땅히 수호하여서 그 재난을 없애고 안온함을 얻게 하여 모든 무리로 하여금 단점을 살핌에 그 틈을 얻지 못하게

하겠나이다."

라고 부처님께 말씀드린다.

마조(馬祖)스님이 좌선(坐禪)을 하고 있으니
회양스님이 물었다.
"스님은 좌선을 하여 무엇하시려오?"
부처가 되고자 한다는 마조의 대답에
회양스님은 벽돌을 갈기 시작했다.
"벽돌을 갈아서 무엇을 하시렵니까?"
하고 마조가 물었다.
회양스님 왈,
"그것을 갈아서 거울을 만들려 한다."
고 대답했다.
마조는,
"어떻게 벽돌을 갈아서 거울을 만들 수 있겠습니까?"
하고 되물었다.
회양스님은,
"벽돌을 간다고 거울이 될 수 없듯이
좌선을 한다고 어떻게 부처가 될 수 있겠느냐."
고 일깨워 주었다고 한다.
'머무는 바 없이 마음을 내라(應無所住 而生其心)'는 금강경의 한 구절을 듣고 한 순간에 깨우침을 얻었다는 육조(六祖) 혜능선사는,
"마음을 관(觀)하여 고요함에 머물면 이것은 선(禪)이 아닌 병이요,

늘 앉아 있기만 하여 앉음에 집착하면 이 또한 병중의 병이다."

고 지적하였다.

혜능이나 회양이 우리에게 전하려는 메시지가 무엇인지 잘 헤아려 볼 일이다.

부처님의 가르침을 믿고

그대로 행하는 사람이 불자(佛子)라면,

"이것이 바로 부처가 되는 길이니라."

하는 부처님의 말씀을 어떻게 따르지 않을 수 있겠는가.

부처님 말씀대로 법화수행을 하면 부처님의 위신력으로 누구나 성불할 수 있다.

33
모든 현상의 참모습(諸法實相)을 알아야

법화경에서 서품(序品) 다음에 나오는
방편품(方便品)은 법화경을 이해하는 데 있어서
매우 중요한 품이다.
서품은 부처님이 법화경을 설하시게 된 배경을
이야기한 품으로서 왕사성 기사굴산 중에 아야 교진여,
사리불 등 대아라한들, 문수사리보살,
관세음보살 등 대보살들과
그 이외의 수많은 청법대중이 모인 가운데
부처님께서 신통력으로 일대광명을 놓아서
동방 만 팔천 세계를 비추어 그 세계에서
많은 부처님들이 무수한 중생을 제도하기 위하여 설법하고
많은 보살들이 수행하고 또 부처님들이
열반에 드는 모든 광경을 보여주신다.
이러한 진기한 광경이 무엇을 뜻하느냐고 묻는

미륵보살에게 그것은 부처님이
묘법연화경을 설하기 위한 일종의 의식이라고
문수사리보살이 대답한다.

금강경의 장면과 비교해보면
여러 가지 면에서 너무나 대조적이다.
우선 금강경의 청법대중이 고작 1,250명인데 비하여
법화회상의 청법대중은 그 수에서부터 엄청나다.
12,000명의 대아라한과 8만 명의 보살대중 등
이루다 헤아리기 어렵다.
또한, 금강경은 수보리가 부처님에게
"수행자는 어떻게 그 마음을 머물고
항복받아야 하겠습니까?"하고 구체적인 질문으로
설법해 줄 것을 청함에 따라 설해진 경임에 비하여
법화경은 부처님이 대승무량의경을 설하시고
깊은 무량의처 삼매에 드신 후
신통력으로 청법대중들이 깊은 법을 듣고 싶은
마음을 일으키게 한 후 비로소 깊은 삼매에서 나와서
곧바로 사리불에게 설법하는 형식을 빌어서
법화경을 설하신 것이다.

특히 이 서품에서 강조되는 것은
부처님들이 열반하시기 전에 모든 법의 실상(諸法實相)을

설하시며 수행자들은 제법실상을 통달해야
성불하게 된다는 점이다.
이어서 등장하는 것이 방편품인데
부처님은 깊은 무량의 처 삼매에서 나오시어
사리불에게 모든 부처님들의 지혜는 끝없이 깊고 깊어
일체의 성문·벽지불의 능력으로는
도저히 알 수 없다고 말씀하신다.
왜 그런가 하면 부처님은 그동안
모든 부처님의 한량없는 모든 법을 수행하여 얻었으며
미증유의 심오한 법을 성취하고서 편의에 따라
설법하므로 그 뜻을 알기 어렵다는 것이다.

요긴히 말하면 부처님은 무량무변 미증유의 법을
모두 다 성취하였는데 부처님이 성취한
제일 희유한 법을 오직 부처님과 부처님들만이
알 수 있을 뿐이라고 말씀하셨다.
그 제일 희유하고 알기 어려운 법이
바로 모든 것의 진실한 모습, 즉 제법실상(諸法實相)이다.
"제법실상은 소위 제법의 이러한 모양(如是相), 이러한 성질(如是性),
이러한 본체(如是体), 이러한 힘(如是力), 이러한 작용(如是作), 이러한
원인(如是因), 이러한 연(如是緣), 이러한 결과(如是果), 이러한 과보(如
是報), 이러한 근본과 끝이 필경 평등(如是本末 究竟等)한 것이니라."
라며 처음으로

십여시(十如是)로서 제법실상의 내용을 말씀하신다.
진실한 모습을 열 가지 "이와 같다(如是)"라는
말로 표현하고 있지만 그것도 난해하기는 마찬가지이다.
간단히 말하면 모든 현상의 진실한 모습은
"이와 같이 있는 그대로"일 뿐이라는 것,
즉, 있는 바 그대로의 모습이 곧 제법실상이라는 것이다.

이러한 부처님의 말씀을 듣고 사부대중
특히 부처님의 제자들로 지난 40여 년간 부처님의
설법을 듣고 꾸준히 수행하여 온 성문제자들이
깊은 의혹에 빠졌다.
그들 아라한들은 이미 알만큼 다 알았다고
자부했는데 부처님이 성취하신 깊은 법을 자기들은
알 수 없다고 했으니 혼돈에 빠지지 않을 수 없었다.
그리하여 그들은 그 이유를 말씀해주십사 하고
세 번이나 간청하고 그 청을 부처님께서 받아들여
본격적으로 법화경의 설법이 시작된다.

부처님의 제일 희유한 법인 제법실상은
일반 범부·중생과 성문·연각은 말할 것도 없고
새로 출발한 보살과 수행정도가 상당히 높아
불퇴지에 이른 보살조차도 사량분별(思量分別)로는
도저히 알 수 없는 것이라고 부처님께서 말씀하셨다.

이러한 현상계의 진실상(諸法寂滅相)은
말로써 표현하고 설명할 수 없기 때문에
부득이 방편을 사용하여
삼승(三乘)을 설하게 됐노라고 말씀하셨다.
그러나 이제는 어느 정도 제자들의
근기가 성숙하였으므로 법화경에서 바로
진실을 말하는 것이라 선언하신 것이다.

사리불은 여기까지의 설법만을 듣고
바로 깨치게 되었으며 그 때문에 성문제자 중
제일 먼저 다음에 성불하리라는 약속인 수기(授記)를
비유 품에서 받게 된다.
부처님이 세상에 출현하신 큰 뜻은 바로
모든 사람들로 하여금 부처님과 똑같이
부처님 지혜와 안목(佛智見)을 갖게 하시려는 것이다.
그리하여 일체중생이 부처님과 조금도 다르지 않게
되는 것이 부처님의 본래 서원이었으며
(我本立誓願 欲令一切衆 如我等無異)
따라서
"누구나 다 성불하는 것을
조금도 의심치 말고(皆成佛無疑)……",
"성불할 것을 스스로 알라.(自知當作佛)"
는 말씀으로 방편품은 끝난다.

천태지자대사는 제법실상은 모든 존재의 본성으로서
차별적 현상 그대로가 공(空)이요, 그대로가 가(假)이며,
그대로가 중도(中道)라는 것이다.
그는 그것을 즉가(卽假)·즉공(卽空)·즉중(卽中)이라 하고
이것을 삼제원융(三諦圓融)의 상태라 한다.
삼관(三觀)이라 부르기도 하는 삼제는
용수의 유명한 삼제게(三諦偈)를 천태지자대사가 더욱
발전시킨 것으로 공·가·중의 세 가지 진리를 말한다.
공(空)은 모든 현상이 연기된 존재이므로
고정불변한 본질이 존재하지 않음을 가리키며
모든 존재에 대한 우리의 그릇된 관념을 타파한다.
가(假)는 일단 공으로서
모든 존재에 대한 집착을 타파한 후
다시 인연 따라 생멸하는 현상을
우리의 활동무대로서 긍정하는 것이다.
중(中)은 위의 두 가지를 다 초월하며 동시에 다 포용하는
절대 실상을 말한다.
공은 현상세계에 대한 집착을 끊는 데
그 목적이 있는 것이므로
현상계 자체를 부정하는 것이 아니다.
그러므로 현상계와 절대 실상이 별개의 것이 아니고
현상계가 그대로 절대 실상으로
즉가(卽假)·즉공(卽空)·즉중(卽中)의

삼제원융의 상태를 말한다.

용수는 그의 중론(中論)에서
"인연소생을 나는 공이요 가명(假名)이며
이것을 중도라 한다."고 하였다.
이것은 공·가·중의 삼제가 원융함을 말한 것이다.
또한 그는 대지도론에서
"유(有)·무(無)의 두변(二邊)이 남김없이 여읜 것을
제법실상이라 나는 설한다."고 하였다.
제법실상은 곧 유와 무의 극단을 버린 중도(中道)이며
그것은 또한 반야바라밀이라고 하였다.
무명(無明)이 한 변이요
무명 다함(無明盡)이 또 한 변이고
노사(老死)가 한 변이요
노사가 다함(老死盡)이 또 한 변이고
모든 법이 있음(諸法有)이 한 변이고
모든 법이 없음(諸法無)이 또 한 변이다.
이러한 두 가지 변을 다 떠나서 중도(中道)를 행하는 것을
반야바라밀이라 한다"고 하셨다.
이러한 중도의 정신에 철저하면 공을 관하되
공에 머물지 않고(觀空不住空) 현상계인 가로 나가되
가에 머물지 않고(出假不住假) 중도에 들되
중도에 머물지 않아(而入中不住中) 두 극단을 다 버리며

동시에 두 극단을 다 비추(双照)게 되며
이것을 삼제원융이라 한다.
이렇게 보면 제법실상은 곧 중도요 반야바라밀이며
제법실상을 아는 것이 곧 부처님의 지혜인
일체종지(一切種智)이다.

성철스님은 중도실상이야말로 부처님 가르침 중에서
가장 핵심적인 가르침이라 하였다.
부처님 재세시의 가르침을 근본불교(根本佛敎)라 하는데
그 가르침의 핵심이 중도실상이라 한다.
성철스님은 그것을 중도대선언(中道大宣言)이라 한다.
불멸후(佛滅後) 100여 년간의 부파불교시대, 즉 소승불교시대에는
유(有)·무(無)의 어느 한쪽 견해에 치우치게 되고
그것을 바로잡는 운동이
서기 1세기경부터 일어난 대승불교이며
대승불교의 핵심사상이 바로 중도사상이다.
그러한 의미에서 용수와 마명보살이 주동이 되어
시작한 대승불교운동은 근본불교의 중도사상을
복구한 운동이라 할 수 있다.

유·무의 양변을 떠난다는 말은 이 현상계를 이해하는
이원적(二元的) 인식의 틀, 즉 관념의 틀을 벗어버리고
현실을 있는 모습 그대로 보는 것을 말한다.

그러니 실상은 우리의 생각으로 미칠 수도 없거니와
우리의 생각의 틀인 언설(言說)로 표현할 수 없다고
하는 것이다.
이 표현할 수 없는 절대 진리인 중도실상을 우리에게
가르치기 위하여 할 수 없이 언설로 표현하자니
비유를 들던가 매우 난해한 표현을 쓰게 되는 것이다.
이 글의 앞부분에 인용한 경문(經文)이
쉽게 이해되지 않는 것은 다 그 때문이다.

원각경 금강장보살품에서,
"선남자야 어찌 생각 있는 마음으로서
능히 여래의 둥근 깨달음의 경계를 헤아리겠느냐."
고 설하신 것이나,
동산양개(洞山良介)선사가
"만약 생멸하는 심의(心意)를 가지고
불교의 깊은 뜻을 배우려고 하면
동쪽으로 가려고 하면서 서쪽으로 가는 것과 같느니라."
한 것도 다 같은 취지를 말한 것이다.
심지어 달마는 "널리 배우고 아는 것이 많으면
자성(自性)이 도리어 어두워진다."고 경계하였다.
모든 생각과 그 생각의 찌꺼기들을 다 거두어내고
맑은 마음으로 우리의 마음과 사물의 본성을 알아야 한다.
그러기 때문에 관념의 찌꺼기들로 가득 찬 글보다는

오래 수행한 선승들의 한마니 말이

청량한 감로수와 같이 우리 마음을 시원스럽게 하는 것이다.

의상대사는 법성계에서

"법성은 원융하여 두 모양 없으니

모든 법이 움직이지 아니하여 본래 고요하네.

이름 없고 모양 없어 일체가 끊어지니

깨친 지혜로서 알바요, 다른 경계에서는 알 수 없네."

라고 노래하였다.

34
법화경을 독송하면

모든 강물이 바다로 흘러들어가듯 부처님의 40여 년간의 모든 설법은 모두 법화경으로 귀일한다. 부처님은 성도 후 듣는 사람들의 정도와 능력에 따라 방편설법을 하셨다. 성문승과 연각승으로 대표되는 보수적 소승불교와 그것에 대한 비판운동으로 등장한 진보적 대승불교를 모두 포용한 것이 바로 법화경이라 한다. 그러므로 법화경을 경전의 왕이라 한다.

이러한 법화경은 방편의 세계와 절대진리의 세계를 다 포함하고 있다. 천태지자대사는 방편의 세계를 적문(迹門)이라 부르고 절대진리의 세계를 본문(本門)이라 부른다.

틱낫한 스님은 방편의 가르침을 역사적 차원(the historical dimension)의 가르침이요, 본문의 가르침을 궁극적 차원(the ultimate dimension)의 가르침이라 부른다.

역사적 차원의 설법은 인간 석가모니가 탄생하고 출가하여 고행 끝에 성도하고 40여 년간 중생제도를 위하여 불법을 설하고 80세에 열반하신 역사적 사실들과 내용에 관한 것이다. 따라서 방편 차원의 설법은 상대적 현상계의 생(生), 주(住), 이(異), 멸(滅)에 관한 것으로 일반인들도 충분히 이해할 수 있는 것이다. 그러나 궁극적 절대적 차원의 가르침은 열반, 불성, 법성 등 실상에 관한 것으로 상대적 세계에서 일상적으로 통용되는 이원적 사고의 틀로서는 이해하기 어려운 것이다. 그렇기 때문에 많은 비유를 사용하고 시간과 공간을 초월한 과장된 언어와 개념들이 등장하게 된다.

평면이란 2차원에서 사는 사람은 나무, 하늘, 해와 별 등 삼차원의 세계를 볼 수가 없다. 그가 볼 수 있는 것은 해가 나무를 비쳐 땅 위에 생긴 나무의 그림자뿐이다. 그는 실재의 나무와 해는 볼 수가 없다. 그가 실재의 나무와 해 그리고 나무의 그림자 모두를 볼 수 있으려면 3차원 이상의 높은 차원에 도달해야 가능하다. 그때 비로소 그는 실재의 나무와 해가 본(本)이고 그것으로 생긴 땅위의 그림자는 나무의 그림자라는 흔적(迹)일 뿐임을 알게 된다. 다시 말하면 그는 그림자는 실(實)이 아닌 가(假)이며 오직 해와 나무만이 실(實)임을 알게 된다. 그와 같이 실과 가, 본(本)과 적(迹)을 두루 아는 것이 바로 모든 사물과 현상의 실상(實相)을 아는 것이다.

이와 같이 법화경에 본문(本門)인 궁극적 차원과 적문(迹門)인 역사적 차원의 두 가지 측면이 있음을 밝혀낸 천태지자대사의 예지에 우리는 탄복할 뿐이다.

법화경에서 이러한 두 가지 차원은 같은 품속에서도 볼 수 있지만 28품 간에 나누어지기도 한다. 예컨대 본문에 해당하는 여래수량품은 부처님 수명은 영원하고 따라서 항상 우리 곁에 계시다고 설하고 있다. 이와 같은 구원실성(久遠實成)의 부처님은 법신으로 궁극적 차원의 진리 그 자체이며 적문에서 보는 역사적 차원의 인간 고오타마 붓다와 대비된다. 이러한 역사적 차원의 붓다는 범부·중생들의 제도를 위하여 방편으로 그렇게 보인 것일 뿐 부처님은 실은 나고 죽는 것이 아니고 그 수명이 영원하다고 설한다.

이러한 법화경은 성문승, 연각승, 보살승의 이른바 삼승(三乘)을 일불승(一佛乘)으로 통합하였을 뿐만 아니라 진실계와 그것의 나툼인 현상계를 두루 포용하고 보여주고 있기 때문에 경중의 왕이라고 불린다. 법화경은 궁극적으로 누구나 다 절대적 차원인 부처의 경지에 도달할 수 있음을 보여주고 가르치고 깨닫게 하는 경전이다. 그것은 2차원의 가(假)의 현상계에만 머물러 있는 범부·중생들로 하여금 3차원 이상의 절대계에 눈뜨게 하고 결국 부처가 되게 하는 경이다.

묘법연화경은 깊은 무량의처 삼매에서 나오시고 설한 경으로서 '진실한 법(眞實相)'을 우리에게 보여준 경이다.

묘법연화경 법사품에서 부처님은 이 경 속에 여래의 전신(已有如來全身)이 들어 있다고 말씀하시고 또 견보탑품에서는 이 경을 지니는 사람은 곧 부처님 몸을 지니는 것(若有能持 則持佛身)이라고 말씀하셨다. 바꾸어 말하면 묘법연화경은 부처님 진리의 몸(法身)이며 불심(佛心) 그 자체라는 것이다.

그러므로 부처님이 보현보살권발품에서 말씀하셨듯이 이 경을 수지 독송하는 것은 바로 부처님을 뵙고 부처님으로부터 설법을 듣는 것이 되며 그 설법을 듣고 한 순간이라도 믿고 따르면 한 사람이라도 성불하지 않는 사람이 없다고 하는 것이다.

중요한 것은 묘법연화경이 부처님의 마음, 즉 불심(佛心)이므로 우리가 진실되게 믿는 마음으로 부처님 마음과 한마음이 되면 이 몸 그대로 성불하게 된다는 점이다. 이것이 "인법일여(人法一如)이신 제목봉창하면 기법일체(機法一體)되어 즉신성불(卽身成佛)한다."고 하는 뜻이다.

그렇기 때문에 '나무묘법연화경'하고 제목 봉창하는 것이 매우 강력한 만트라 수행이 되며 눈코 뜰 새 없이 바쁘게 살고 있는 이 시대의 사람들에게 있어서 빠르고 손쉬운 수행법이 된다고 하는 것이다.

법화경은 모든 부처님이 그것으로 성불한 경전으로 제일의 경이며 모든 여래의 비밀의 가르침으로 중생들이 어느 정도 수행의 힘을 얻은 후에라야 설하는 경이다. 그것은 보살을 가르치는 경으로 최고의 경이요 모든 부처님의 비밀법장(秘密法藏)이기 때문에 모든 부처님과 보살들이 수호한다.

법화경을 수지 독송하고 남을 위하여 해설하는 사람은 성불하는 것은 말할 것도 없고 금생에서는 삼독심(三毒心)에 시달리지 않고 원하는 것이 성취되며 항상 근심 걱정 없고 병도 없으며 죽어서는 삼악도(三惡道)에 떨어지지 않고 좋은 곳에 환생하는 등 여러 가지 공덕이 있다.

우리에게 부처님의 지혜를 열어서(開) 보이고(示) 깨치게 하고(悟) 들게 하는(入) 이 법화경은 전부 28품으로 구성되어 있는데 그 경에

일관되게 흐르는 부처님의 가르침은 ① 이 법화경을 읽고 외우고 쓰고 설한 대로 수행하고 남을 위해 해설하는 사람들은 누구나 성불한다고 하는 것, ② 그때까지 소승에만 머물러 있던 제자들에게 앞으로 보살도를 닦은 후에 꼭 성불할 것이라는 말씀(授記), ③ 법화수행자가 수행하고 중생을 제도함에 있어서 지켜야 할 몸가짐과 마음가짐(안락행), ④ 이 경을 비방하면 받는 죄보와 이 경을 수지 독송함으로써 얻는 공덕, ⑤ 많은 보살들이 법화수행하여 중생을 제도하는 모범적 사례들, ⑥ 특히 역사적인 석가모니 부처님의 탄생과 돌아가시는 것은 방편이고 사실 부처님의 수명은 영원하며 항상 우리 곁에 있다는 것이다.

법화경 이전까지의 부처님의 가르침은 화엄경을 제외하고는 전부 법화경을 가르치기 위한 준비단계에 불과하다. 그전까지는 모든 수행자들의 목표가 아라한이었다. 그러나 법화경에 와서 그것은 잠시 쉬어가는 곳이지 최종목적지가 아니라고 말한다. 최종목적지는 누구나 다 석가모니 부처님처럼 부처가 되는 것이다.

이러한 사정을 법화경은 상세히 밝히고 있다. 비유품은 "모든 중생을 보니 나고 늙으며 병들고 죽으며 근심하고 슬퍼하며 괴로워하고 번민하는 불에 타고 있으며, 또 오욕과 재물에 탐착하고 명리를 추구하며 현세에서 온갖 고통을 받으며 후세에는 지옥, 아귀, 축생의 고통을 받나니 혹 천상이나 인간에 나더라도 빈곤한 괴로움, 사랑하는 사람을 이별하는 괴로움, 원수를 만나는 괴로움 등 갖가지 괴로움을 받으며, 이러한 괴로움을 받으면서도 중생들은 그 가운데 빠져 희희 낙

낙하여 깨닫지도 못하고 알지도 못하며 놀라지도 않고 두려워하지도 않으며 또한 싫어할 줄도 모르고 해탈을 구하지도 않아 이 삼계 불타는 집에서 동서로 뛰어다니면서 이런 큰 고통을 만나고도 근심하지 않느니라. 사리불아 부처님은 이런 것을 보고…… 나는 중생의 아버지로서 마땅히 그 고통에서 건져내어 한량없고 그지없는 부처님 지혜의 낙을 주어 자재히 노닐게 하리라."고 설하고 있다. 그러나 중생들이 삼계의 불타는 집에서 고통 속에 헤매고 있으므로 부처님 지혜를 바로 깨칠 수 없기 때문에 "방편을 써서…. 중생들을 불타는 집에서 건져내기 위하여 성문승, 연각승, 보살승의 삼승(三乘)을 설하였던 것이다."라고 말씀하고 있다.

중생들은 이 현상세계의 모든 것이 실재한다고 믿고 좋은 것은 가지려고 하고 나쁜 것은 멀리 하려는 강한 욕망과 집착을 보이면서 고통 속에 살아간다. 중생들의 마음은 바깥의 사물로만 향하고 모든 것의 주인인 신해(神解)하고 창조적인 마음이 임시로 의탁해 있는 이 육신을 나라고 안다. 그리하여 이와 같은 아집(我執)과 법집(法執)을 타파하기 위하여 사제법(四諦法), 연기법 등을 차례로 가르쳐 무아(無我)와 공(空)을 터득케 한다. 그리고 그것을 증득한 이들이 바로 성문연각이며 아라한이다. 그러나 항상 있다(有) 없다(無)라는 습관적 사고에 젖어 있는 그들은 이제는 모든 것이 무요 공이라고 착각하고 그것에 집착하며 현실을 도피하거나 외면하는 오류에 빠지게 된 것이다. 그러한 사정은 지혜 제일이라는 사리불이 비유품에서 "마음이 자재하여진 이 천이백 명 아라한은 옛날 배우는 처지에 있을 때에…… 각각 나라는 소견(我見)과 있다 없다는 소견을 떠나고서 열반을 얻었다 생각하고 있었다."고 스스로 한 고백에서 잘 드러나고 있다. 신해품에서도 그들은 "공(空), 무상(無相), 무작(無作)만을 생각할 뿐……" 부처님 지혜는 생각치도 못했다고 스스로 고백하고 있다. 열반경 사자후보살품에서도 "성문과 연각은 일체가 공임을 보지만 불공(不空)을 보지 않는다. 그리고 일체가 무아(無我)임을 보되 아(我)를 보지 않는다. 그러므로 제일의공(第一義空, 즉 진실한 공)을 얻지 못한다. 진실한 공을 얻지 못하므로 중도를 행하지 못하고 불성을 못 본다."고 설하고 있다.

그리하여 부처님은 아라한의 지위는 최종목적지가 아니고 중간에 쉬어가게 하기 위하여 방편으로 만들어 놓은 화성(化城)에 불과한 것이며 공을 터득한 후 다시 가(假)의 현실세계에 돌아와서 육바라밀 등 수행을 통하여 중도실상을 터득하고 수행을 통하여 터득한 진리를 실천하면서 많은 중생을 제도하라고 가르친다. 그렇게 현실세계에서 중생을 제도하는 이들이 바로 보살들이다.

법화경은 여섯 군데에서 아라한들에게 성불 수기를 주는데, 그들은 한결같이 미래세에 여러 부처님 밑에서 많은 수행을 하여 보살도를 구족하고 최후신(最後身)으로 성불하게 된다. 그리고 법화경을 누누이 '보살을 가르치는' 경이라고 말하고 있으며 실제로 상불경보살, 약왕보살, 묘음보살, 관세음보살, 보현보살 등 여러 보살들의 수행과 중생제도를 모델로 보여주고 있다. 특히 약초유품은 부처님의 설법을 듣고 중생들이 그의 능력에 따라 여러 가지 지위에 이르는 과정을 잘 묘사하고 있다. 그것이 이른바 삼초이수(三草二樹)의 비유이다. 부처님 설법을 듣고 조금 수행하면 인간이나 천상에 그리고 전륜성왕 등으로 태어난다. 무주의 법을 알아 열반을 증득하고 육신통을 얻었거나 삼명(三明)을 얻고 나서 산림 속에 홀로 거처하며 선정을 닦아 연각을 증득하면 아라한이 되고 이것을 비유하여 중품약초라 한다. 그리하여 더 높은 수행과 정진을 하여 불도에 전심하고 항상 자비를 행하여 중생을 제도하고 성불할 것을 의심 없는 단계에 나가는데 그것이 보살의 지위이다. 화엄경은 보살의 단계를 열 단계로 나누지만 보살의 지위도 그 수행의 정도에 따라 달라지며 위로 올라가서 구경의 단계에 이르러 성불하게 된다. 중생이 현실 집착의 세계(假)에서 수행을 통하여 공을 증득하는 것을 천태학에서는 종가입공(從假入空)이라 하고 다시 현실세계로 돌아오는 것을 종공입가(從空入假)라 한다. 그리하여 그것을 다 초월한 단계가 부처의 단계로서 즉가 즉공 즉중(卽假 卽空 卽中)인 중도실상(中道實相)의 단계라 한다.

　이와 같이 법화경은 부처님의 사십여 년간의 방편설법을 총정리하여 삼승을 일불승(一佛乘)으로 회통(會通)시킨 것이다. 원효스님이 법화경종요에서 ① 부처님이 성도 후 처음으로 일승법문(根本法輪)을 설하셨지만 ② 박복한 둔한 근기의 중생들이 알아듣지 못하여 그 후 사십여 년간 일승을 나누어 삼승을 설(枝末法輪)하시고 ③ 중생들의 마음을 갈고 닦아서 어느 정도 힘을 얻은 후 법화회상에 이르러 비로소 삼승을 회통하여 일승에 돌아가게 하니 그것이 곧 근기(根機)에 따라 나눈 것들을 거두어 하나의 근본으로 돌아가게 하는 가르침(攝末歸本法輪)이라는 것이라고 적절히 지적하신 것도 이러한 사정을 말하고 있는 것이다.

다만 한 가지 주의할 점은 이러한 과정의 설명이 성불하는 것이 매우 지난하고 많은 시간이 걸려야 하는 것이라는 오해이다. 특히 성불수기를 주면서 많은 부처를 만나서 오랜 세월을 수행하여 보살도를 구족한 후에 성불한다는 것이 그러한 오해를 불러일으키기 쉽다. 그러나 법화경 제바달다품은 법화수행하면 빨리 성불할 수 있다는 사실을 용녀(龍女)의 예를 통하여 보여주고 분별공덕품도 여래의 수명이 구원하다는 것을 듣고 사천하(四天下)의 미진수(微塵數) 사람들이 일생(一生)만에 무상등정각을 얻었다고 말하며 법화수행과 육바라밀의 보살수행을 겸하여 하면 그 공덕이 무한하여 부처님의 지혜인 일체종지(一切種智)에 빨리 이르게 된다고 천명하고 있다.

이러한 법화경에 입각한 법화수행은 세 가지가 있다. 하나는 묘법연화경을 독송하는 것이다. 독송하는 것은 보통 책 읽듯이 눈으로 읽으며 그 뜻을 머리로 이해하는 것이 아니고 소리 내어 염송하는 것이다. 마음을 내부 한 곳(단전)에 집중하여 소리 내어 염송하되 뜻은 몰라도 상관없다. 눈으로 읽는다기보다는 온몸으로 읽는다고 하는 편이 맞을 것이다. 그렇게 계속 매일 정해진 시간에 염송하면 어느 때 그 경의 뜻을 그대로 알게 된다. 그것은 앞에서 지적했듯이 내 마음과 경전이라는 부처님 마음과 합일되었기 때문이다.

두 번째는 소리 내어 "나무묘법연화경" 하고 제목을 봉창하는 것인데 경을 염송하기 전후에 시간이 허용하는 대로 하는 것이다.

세 번째는 참선법으로 지관법(止觀法)이다. 정좌하여 수식관으로 어느 정도 정에 들면 '나무묘법연화경' 하고 마음속으로 염하면서 호흡을 관하는 방식이 지(止)의 방법이다. 이것으로 정이 깊어져 자기의 마음의 참성품을 보게 되는 것으로 공(空)에 해당한다. 그러다 마음속에 한 생각 일어나면 그 일어나는 생각과 생각이 일어나는 그 마음을 관하는 것이 관법(觀法)이다. 생각이 일어남은 나의 참성품에서 나투는 하나의 현상으로 가(假)인데 이 가인 현상은 꿈속에서 만난 사람처럼 실체가 없는 것이라고 관하여 알고 또 그러한 현상을 나툰 우리 보통의 마음 또한 관하여 보면 없으니 그것 또한 실(實)이 아니라고 안다.

그러나 현상으로서 나타나는 생각이나 감정들과 그것을 나투는 보통의 마음이 실이 아니고 가(假)라고 아는 우리의 깨어 있는 그 마음이 바로 우리의 참성품으로서 중도실상(中道實相)에 해당한다.

법화경 안락행품은 보살의 수행의 한가지로서 관법을 말씀하고 있다. "……보살마하살은 일체의 법이 공하여 실상 그대로이며 전도되지도 않으며 움직이지도 않으며…… 허공 같아 존재성이 없으며 온갖 말길이 끊어졌으며 생기지도 않고 나오지도 않으며 일어남도 없고 이름도 없으며 형상이 없으며 실로 있지 않으며 무량무변하여 걸림 없다고 관할지니 다만 인연 따라 있게 되며 전도된 생각에서 생겨날 새, 그러기에 설함이니라. 항상 이와 같이 모든 현상의 진실한 모습을 즐겨 관하는 것을 보살마하살의 두 번째 친근처라 하느니라."

보통 지를 사마타(samatha), 관을 비파사나(vipasyana)라고 하지만 원각경에서는 지는 사마타라고 하나 관을 사마파티(samapatti)라 부르고 중도실상을 댜나(dhyana)라 부른다. 이와 같이 법화수행에서는 참선도 공, 가, 중(空, 假, 中)에 따라 진행한다.

좌선이 익숙해지면 걷는 때나 일할 때에도 상황에 맞추어 지관법을 할 수 있다.

우리 수행의 목적은 우리가 본래 가지고 있는 한마음인 원각(圓覺)의 성품을 보는 데 있다. 원각경에 의하면 모든 부처님 역시 청정한 원각(圓覺)에 의지하여 무명(無明)을 영원히 제거하고 성불한 것이다.

무명이란 지(地), 수(水), 화(火), 풍(風)의 네 가지 요소의 결합을 우리의 몸이라고 착각하는 것이고 색(色), 성(聲), 향(香), 미(味), 촉(觸), 법(法)의 육진(六塵)과 우리의 육근의 인연으로 생긴 그림자를 자기 마음이라 잘못 알고 있는 것이다. 그것은 마치 허공에 실제로는 꽃이 없지만 눈병으로 꽃이 있는 것으로 착각하는 것과 같다. 이 때문에 생사유전하며 고통 속에 산다. 원각을 수행하는 사람은 몸과 마음(보통의 마음)이 헛꽃이라 알면 생사유전을 벗어나게 된다. 다시 말하면 우리가 가(假)인 육신과 보통의 마음을 참(眞)으로 잘못 알고 비실(非實)인 육신과 보통의 마음을 실(實)로 잘못 알고 있는 것이 우리의 큰 착각이며 이것이 생사유전과 고통의 원인이다. 그것들을 가(假)요 비실(非實)로 바로 알면 그 뒤에 멸하지 않는 우리의 참마음인 한마음이 나타나 보인다. 그러므로 선사들이 깊은 삼매 끝에 견성(見性)하는 순간 몸과 마음이 다 떨어져 나가는 듯한 느낌(心身脫落)을 체험하는 것이다.

대행스님도 자신의 수행담에서 "나는 견성하려거나 성불하겠다는 마음을 먹어본 일이 없다. 나는 다만 일단 태어난 이상 이 세상에서 사는 나 자신이 누구인지, 무엇인지를 알고자 했을 뿐이다. 내 육신이 내가 아니고 내 의식이 내가 아니고 내 의지도 내가 아니라고 느끼고부터는 오로지 이렇게 다 제거하고 난 참다운 나는 누구인가, 무엇인가를 알고자 했던 것이다." 라고 그 경험을 말씀하고 있다(한마음요전).

우리의 참성품은 우리의 육신과 우리의 보통의 마음을 다 초월하고 나서 비로소 드러나 보이는 것이다. 티베트의 『사자의 서』에서 우리가 죽고 나서 우리의 육체와 보통의 마음이 다 해체되고 난 후에 우리의 참성품이 드러나고 그것을 알면 곧 해탈한다고 하는 것도 바로 이러한 사정을 지적한 것이다.

우리의 보통의 마음인 인식주체와 그 대상인 우리의 육신을 모두 부정하고 나면 그러한 것이 허공에 핀 꽃처럼 실(實)이 아니라고 아는 성품인 우리의 참마음인 한마음이 드러나 보인다. 우리의 마음과 육신은 절대 진리인 한마음에서 나툰 현상으로 가(假)이다. 현상계가 상대의 세계라면 한마음은 모든 한정과 이원성(二元性)이 사라진 절대실상이다. 그것은 모든 생각과 언설이 미치지 못하는 허공과 같은 것으로 현상계와 별개의 것이 아니고 현상계와 즉(卽)하여 있다. 그러므로 생사계(生死界)인 이 현실세계가 곧 열반이라는 것이다.

비유컨대 생사의 현상계와 열반의 진실계가 서로 즉하여 있다는 것은 마치 태풍의 비바람 치는 주변과 그 중심이 되는 태풍의 눈의 관계와 같다. 고요한 중심과 비바람 치는 그 주변이 곧 태풍의 실상이다. 심하게 파도치는 바다와 고요한 바다는 별개의 것이 아니고 하나의 바다이듯이 생사의 현상계가 곧 열반이다.

이러한 부처님의 가르침을 듣고 상근기(上根機)의 사람들은 즉시 깨쳐 자기의 참마음과 모든 사물과 현상의 참성품을 안다. 이것을 돈오

(頓悟)라고 한다. 그러나 그렇지 못한 이들은 근기가 낮은 사람들로서 깨치기 위한 사마타, 사마파티, 댜나의 점수(漸修)의 수행법을 필요로 한다.

원각경의 첫두품인 문수사리보살품과 보현보살품을 읽고 즉시 깨치면 그 이하는 읽을 필요도 없는 것이다. 그 이하는 점수에 관한 설법으로서 그렇지 못한 이들을 위한 것이다. 그러니 위에서 지관법이라는 수행법이 어떤 위치의 것인가를 알고 행할 필요가 있다.

미국에서 30년 이상 법화수행한 사람들이 쓴 『The Buddha in your Mirror』라는 책을 보면 에이즈에 걸린 환자, 암에 걸린 환자, 그리고 엄청나게 스트레스에 걸려 고생하는 환자들이 제목 봉창하는 수련을 통하여 병을 완치시킨 사례가 있다. 나의 후배 한 분은 철저한 신심으로 법화수행을 하고 있는데, 그 수행 덕분으로 최악의 상태에 있던 건강도 회복하였고 엄청난 스트레스도 사라졌으며 자녀 키우면서 부딪히는 여러 가지 어려운 문제도 수련을 통한 기원으로 모두 쉽게 해결하고 있다.

35
생활인에게 빠르고 손쉬운 길

　나는 연꽃을 무척 좋아한다. 진흙물 속에서만 피는 연꽃은 매우 아름다울 뿐만 아니라 깨끗하기 짝이 없다. 진흙물처럼 더러운 물 속에서 피어나지만 꽃과 잎은 그 더러움을 타지 않고 항상 청정무구하다. 그런 연꽃은 몇 가지 특징을 가지고 있다. 꽃과 열매가 동시에 생긴다. 연꽃의 씨앗은 오랜 세월이 흘러도 썩지 않고 조건만 맞으면 싹이 나고 꽃을 피운다고 한다. 불가에서 연꽃을 상징으로 애용하는 것은 이러한 연유에서일 것이다.
　부처님 설법 중에서 최고의 가르침을 묘법연화경이라 부처님께서 부른 것도 이러한 뜻에서일 것이다.
　천태지자 대사에 의하면 묘법연화경은 즉공(卽空), 즉가(卽假), 즉중(卽中)의 중도실상(中道實相)을 나타낸다. 즉공은 모든 사물 그대로가 공(空)이라는 것이고, 즉가는 현실이 공임을 체득했으나 그것에 매이면 허무(虛無)에 떨어지므로 공 또한 공하다고 관하여 다시 차별적인 현상계로 돌아와서 활동하는 것이다. 즉중은 즉가에 머물면서 다시 현실에 매이는 경향이 생기므로 이것마저도 부정하여 공도 아니고 가도 아닌 중도에 드는 것이다. 그러므로 묘법연화경은 공이며 가이며 중이어서 곧 그대로가 중도실상을 의미한다.

연꽃의 열매, 즉 씨앗이 모든 현상의 근본 본질이라면 꽃은 그로부터 나툰 현상을 상징한다. 연꽃의 꽃과 열매가 동시에 생기고 꽃이 곧 열매이듯이 현상과 그 현상의 본질인 절대진리는 같이 있으며 현상이란 생사계가 곧 절대의 열반이다. 그리고 우리의 본성인 불성은 연꽃의 씨앗처럼 썩지 않고 인연이 되면 활짝 피어난다.

원효스님은 법화경종요에서 나무묘법연화경의 제목을 해설하시면서 '묘법'에는 네 가지 뜻이 있는데 교묘(巧妙), 승묘(勝妙), 미묘(微妙), 그리고 절묘(絶妙)가 그것이라 한다. ① 교묘하게 방편문을 열어 삼승의 집착하는 소견을 끊고 교묘히 진실상을 보이고 일승의 지혜를 내게 하는 것이 교묘이며, ② 여래신력품에서 말씀했듯이 여래의 모든 비밀의 장(藏), 모든 불법, 모든 신력(神力), 그리고 모든 깊은 일들을 말하고 있는 것이 승묘이며, ③ 일승이 미묘하여 청정제일이라 모든 세간에서 벗어나 그 위가 없다. 세간을 제도하지 않음이 하나도 없는 것이 미묘요, ④ 이 경이 설한 일승법상(一乘法相)은 광대심원(廣大深遠)하여 말을 여의고 생각이 끊겼다(離言絶慮). 그러므로 절묘하다고 하는 것이라고 풀이하고 있다. 그리고 푼다리카(pundarika)라는 범어가 말하듯 연꽃이 이러한 네 가지의 묘법을 잘 상징적으로 나타내고 있으므로 사달마 푼다리카 수트라(Saddharma Pundarika Sutra), 즉 묘법연화경이라고 부르게 된 것이다. 원효스님은 이어서 특히 묘법의 '묘'는 절대적인 것이니 무엇을 삼(三)이니 일(一)이니 하며 분별하겠는가. 불지견(佛知見)은 들어가기 쉽지 않고 중생들은 삼계화택(三界火宅)에서 나오기 어렵다. 그리하여 방편으로 삼승을 설하였다. 이법은 보여줄 수 없으니 말의 상(相)이 적멸하며 텅 비어 걷잡을 수 없고 탁 트여 아무 것도 덧붙일 것이 없으니 무엇이라 이름 지을 수 없으므로 구태여 묘법연화경이라 일컫는다. 그러므로 자리를 나누어 같이 듣게 하면 장차 전륜왕, 재석·범왕의 자리를 얻게 되며 한 글귀라도 들으면 최상의 보리의 수기(장차 부처가 되리라는 증언)를 받게 되나니 하물며 받아 지니고 연설하는 복은 어떻겠는가. 이러한 대의(大意)를 들어서 이 경의 제목을 묘법연화경이라 하였다고 지적하고 있다.

그래서 묘법연화경은 궁극의 진리를 나타내며 '나무묘법연화경'은 궁극의 진리에 귀의하는 것을 의미한다. 뿐만 아니라 그것은 부처님과 보살들에 대한 귀의를 뜻하기도 한다. 여래신력품에서 이 경을 지니는 사람은 서가모니 부처님과 다보불, 그리고 모든 분신불과 부처님이 교화하신 모든 보살을 보는 것이라 하였으며, 보현보살권발품에서는 이경을 수지 독송하는 것은 부처님을 뵙고 설법을 듣는 것이 된다고 하였다. 법사품과 견보탑품에서도 이 경을 지니는 사람은 부처님의 몸, 즉 진리의 몸을 지니는 것이라고 하였으니 결국 '나무묘법연화경'은 불(佛), 법(法), 승(僧)의 삼보에 귀의하는 것이 된다. 그러므로 모든 부처님과 보살들이 이 경을 수지 독송하는 사람을 수호하는 것이다. 그러한 이유로 '나무묘법연화경'이 힘 있는 만트라가 되는 것이다. 법화경 이전까지의 모든 가르침은 법화경에 다 포괄되고 법화경

28품의 가르침은 그 제목인 묘법연화경 다섯 글자에 다 함축되어 있다. 법화경 다라니품에서 부처님이 "착하다 착하다 너희들이 다만 묘법연화경 제목을 받아 지니는 사람을 옹호하여도 복이 한량없느니라."고 설하신 것은 제목이 궁극적 진리를 포함한 불・법・승의 삼보를 나타내는 것으로서 그만큼 중요하기 때문이다. '나무묘법연화경' 제목 봉창하는 것이 우리의 불성을 드러내는 일이고 즉신성불(卽身成佛)의 수행이 된다. 이렇게 법화수행이 성불의 빠른 지름길이라는 것이 제바달다품이나 분별공덕품 등 여러 곳에 잘 나와 있다.

영명선사는 부처님 일생 동안의 가르침을 세 단계로 나눈다. 그는 첫째 시기를 상종(相宗)의 가르침이라 한다. 이때는 나(我)는 부정하지만 모든 사물과 현상을 긍정하는 시기라 한다. 주로 초기불교의 가르침이 이에 해당한다.

두 번째의 시기는 공종(空宗)의 가르침으로 이때는 모든 현상과 사물이 실체성이 없는 것이라고 부정하는 때이다. 모든 현상은 서로 연기되어 생멸하므로 실(實)이 아닌 공(空)이라고 가르친 반야경 계통의 가르침이 주로 여기에 해당한다.

세 번째가 성종(性宗)의 가르침으로 긍정과 부정을 모두 초월하여 바로 중도실상을 나타낸 것으로 견성성불법(見性成佛法)과 같은 것이다. 중도실상을 설한 묘법연화경이 바로 여기에 해당한다.

다시 말하면 부처님의 40여 년 설법이 공, 가, 중으로 법화경 속에 다 녹아 있다.

유식학파(唯識學派)에서는 불교의 수행을 ① 화두참구의 향상일구문

(向上一句門), ② 아미타불을 염하는 염불왕생문(念佛往生門), ③ 경율(經律)에 따라 수행하는 의교수행문(依敎修行門), ④만 달라에 의하고 다라니와 만트라를 염송하는 즉신성불문(卽身成佛門)의 네 가지로 구분한다. 이러한 분류에 의하여 보면 묘법연화경을 수지 독송하는 것은 의교수행문에 해당하고 '나무묘법연화경'하고 제목을 받아 지니고 봉창하는 것은 즉신성불문에 해당한다(이만: 유식학개론).

요즘 같이 눈코 뜰 새 없이 바쁘고 무한경쟁으로 인한 무한 스트레스의 시대에는 강력한 만트라인 '나무묘법연화경' 제목만이라도 받아 지니고 봉창하는 것이 누구에게나 손쉽고 빠른 수행법이다.

36
눈과 귀가 깨끗해지면

법화경에는 성불을 위하여 법화수행을 하고 중생제도를 하는 보살들의 모범적인 사례들이 등장한다. 관세음보살, 묘음보살, 양왕보살, 상불경보살, 보현보살 등의 이야기가 그것이다. 그 중에서도 석가모니 부처님의 전생담인 상불경보살의 이야기는 여러 가지 점에서 우리에게 중요한 교훈을 주고 있다. 상불경(常不輕)이라 불리는 한 비구는 경전을 독송하기 보다는 만나는 사람들마다 "나는 당신들을 가볍게 보지 않습니다. 당신들은 모두 다 부처가 될 것이기 때문입니다." 하고 말했다. 그러한 말을 들은 사람들은 오히려 당신이 무엇인데 우리에게 성불할 것이라는 수기(예언)를 주느냐고 오히려 화를 내고 박해를 가한다.

그러나 상불경 보살은 굴하지 않고 그러한 말을 계속하고 다닌다. 이 이야기는 그때까지 부처는 오직 석가모니 부처님 한 분 밖에 없고 모든 수행자는 기껏해야 아라한의 지위 정도에 이르는 것이라고 굳게 믿고 있는 당시의 소승제자들에게 누구나 다 부처가 될 수 있는 씨앗인 불성을 가지고 있다는 것을 극적으로 보여주는 것이다. 뿐만 아니라 그것은 그릇된 아상(我相)의 제거가 보살수행의 근본임을 보여주기도 한다. 내가 잘났다는 생각은 흔히 상대편을 업신여기는 것으로 나타난다. 우리는 생활하면서 많은 업신여김을 받기도 하고 또한 반대로 남을 업신여기기도 한다. '상불경'이란 항상 남을 업신여기지 않는다는 것을 뜻하며 모든 사람들이 결국은 다 부처이기 때문에 그들을 업신여길 수가 없는 것이다.

상불경보살은 목숨을 마치려 할 때 묘법연화경을 듣고 받아 지닌 공덕으로 눈·귀·코·혀·몸·뜻이 모두 청정해졌으며 이와 같이 육근(六根)이 깨끗해지고는 수명이 증장되어 실로 오랜 세월동안 많은 사람들에게 묘법연화경을 설하였다.

그는 그러한 공덕으로 궁극적인 진리에 눈뜨게 되고 결국 성불하여 석가모니 붓다가 되었다.

법화경 법사공덕품에는 법화경을 수지독송하고 해설하는 사람은 눈·귀·코·혀·몸·뜻의 육근(六根)이 청정해지고 그 결과로 보통 이상의 육근의 능력을 얻게 된다고 한다. 그는 아직 보살이나 부처의 눈은 얻지 못하였어도 범부·중생들이 보지 못하는 것을 다 볼 수 있고 보통의 귀로 일반인들이 듣지 못하는 소리를 다 들을 수 있다고 한다.

이와 같은 수행의 공덕은 원각경에서도 찾아볼 수 있다. 이 경에서는 마음이 깨끗해지므로 우리의 보는 기능(見塵)이 깨끗해지고 보는 기능이 깨끗해짐으로 안근(眼根)이 깨끗해지고 안근이 깨끗해지니 안식(眼識)이 깨끗해지고 안식이 깨끗해져서 이근(耳根)이 깨끗해지고 이근이 깨끗해져서 다른 감각기관들이 차례로 청정해진다고 설하고 있다.

 육근이 청정하므로 모든 현상이 청정하고 모든 현상이 청정하여 모든 세계 그리고 우주가 청정하여지고 그 우주 속에 있는 모든 것이 청정하여진다고 한다.

 부처님이 성도후 처음으로 설법을 한 대상은 부처님이 숲 속에서 함께 고행의 수행을 했던 다섯 사람의 비구들이었다. 그는 성도한 곳인 우루베라에서 250km 넘는 바라나시의 녹야원에 있는 다섯 비구들을 찾아갔다. 그들은 고오타마가 고행을 포기했던 것을 못마땅하게 생각하고 그가 붓다가 되어 그들 앞에 나타났을 때 별로 환영하지 않았다. 그러나 고오타마 붓다의 얼굴이 빛나고 위의를 갖추고 있음에 마음이 움직여 붓다의 설법을 듣게 되었다고 한다.

 그때 처음으로 설하신 것이 중도(中道)와 사성제(四聖諦) 그리고 연기법(緣起法)으로 이른바 초전법륜(初轉法輪)이라 부르는 것이다.

 수행을 깊이하여 마음의 눈이 점차 열려 보다 높은 차원의 세계인 절대진리의 세계를 접하게 되면 그러한 수행자의 감각과 인식기관이 모두 깨끗해지고 그 결과로 그의 면모는 복덕 지혜와 위의를 다 갖추게 되고 그의 안색은 광명이 넘치게 된다고 한다.

 견성하는 길은 여러 가지가 있겠지만 어떤 하나의 길로 들어가더라도 본원에 닿게 되는 것은 마찬가지이다.

 능엄경에서 문수사리 보살은 관세음보살처럼 이근(耳根)을 통하여 본성으로 들어가는 것이 제일 좋다고 하였다.

　소리가 없을 적에 멸하지도 않고 소리가 있을 적에 나지도 않아 생(生)과 멸(滅)을 모두 여읜 것이 항상 존재하는 듣는 성품이다.

　이 사바세계에서는 소리로 말을 해야 밝혀지지만 중생들이 듣는 본성을 모르고 소리만을 따르므로 유전과 윤회를 거듭한다.

　들음을 돌이켜 소리에서 벗어나면 능히 근원으로 돌아갈 수 있고 한 근(根)이 본원으로 돌아가면 육근(六根)이 해탈을 이루게 된다. 그리하여 문수사리 보살은,

"대중들이여 그리고 아난다여

그대들의 잘못된 듣는 기틀을 돌려라

듣는 놈을 되돌려 자기의 성품을 들으라

그 성품이 위없는 도를 이루나니

원통(圓通)이란 실로 이와 같아야 하느니라."

고 설하였다.

황벽선사는

"이 본래 원만하고 청정한 마음은

항상 스스로 원만하고 밝게 두루 비추지만

세상 사람들이 깨닫지 못하고

다만 보고, 듣고, 느끼고, 아는 것을 마음으로 알고,

보고, 듣고, 느끼고, 아는 것에 가리워져서

이로 말미암아 정명본체(精明本體)를 볼 수 없게 된다.

다만 곧바로 무심해지기만 하면

본체는 저절로 나타날 것이니

마치 큰 해가 허공에 떠올라
사방을 두루 비추는 것과 같아서
다시는 장애가 없으리라."
고 말하였다.

모든 번뇌가 구름 걷히듯 사라지면 영각지성(靈覺之性)인 자성(自性)이 그대로 드러난다. 달마는 '본성을 보는 것이 곧 선(見本性爲禪)'이라고 하였다.

사람이 처음 태어나면 상당기간 동안 눈을 뜨지 못한다. 그래서 그는 아무것도 보지 못한다.

어느 정도의 기간이 지나서 비로소 눈을 뜨게 되지만 주변의 사물을 잘 식별하지 못한다. 두세 살이 되어야 주변의 사물을 어느 정도 식별하게 되지만 그의 식별능력은 어른들에 비하면 아주 저급하기 짝이 없다.

그러나 성인이 되어서도 우리의 보고 듣고 인식하는 능력은 많이 제한되어 있다. 범부·중생은 눈에 보이는 것만이 진실이고 보이지 않는 것은 존재하지 않는 것이라 여긴다. 듣고 느끼는 것도 예외는 아니니다.

평면상의 2차원의 세계만을 보는 사람들은 나무와 해는 볼 수 없고 오직 땅에 드리운 나무의 그림자만을 보고 그것이 실재하는 것이라고 믿지만 3차원 이상의 세계를 보는 사람은 해와 나무 그리고 나무의 그림자를 다 볼 수 있다. 그러한 사람은 해와 나무만이 실재이고 나무의 그림자는 가상(假相)임을 알 수 있듯이 범부·중생의 눈(肉眼)으로 실재한다고 믿는 이 현상계를 수행자의 지혜의 눈(慧眼)으로 보면 그것은 모두 공(空)이다. 좀 더 수행단계가 높아 좀 더 높은 차원을 볼 수 있는 보살의 눈을 법안(法眼)이라 부르고 제법실상을 다 볼 수 있는 부처의 눈(佛眼)이 열려야 현상계와 절대 진리의 세계를 제대로 모두 보게 된다. 그러한 눈이 열려야 소리 없는 소리를 듣게 되고(聽無聲), 범부·중생들이 보지 못하는 것까지 다 볼 수 있게 된다.

산 밑에 있는 사람은 산의 일부분만 볼 수 있지만 산 정상에 있는 사람은 산의 사방을 모두 볼 수 있듯이 말이다.

범인들의 마음은 항상 밖으로 무엇인가 찾아 헤맨다. 그러한 우리의 마음을 안으로 되돌려 우리의 본 성품(自性)을 가로막고 있는 그릇된 나, 즉 에고(ego)의 장벽을 허물고 본원으로 돌아가면 자성이 드러난다.

본성품을 보고 진아를 찾게 되면 육근이 해탈하고 청정하여진다. 모든 사람의 육근이 청정해져야 우리가 사는 이 세상이 청정하게 된다. 그러면 이 세상이 그대로 극락정토가 될 것이다.

마음이 깨끗하지 않으면 우리의 보고 듣는 것 모든 것이 깨끗하지 못하고 육근이 깨끗하지 않으니 우리의 마음은 더욱 오염된다.

우리의 마음이 오염되니 이 세상이 더욱 부패하고 오염된다. 이것이 바로 부정과 부패의 악순환이다. 이 악순환의 고리를 끊는 길은 우리의 마음을 청정하게 하는 데서 비롯된다.